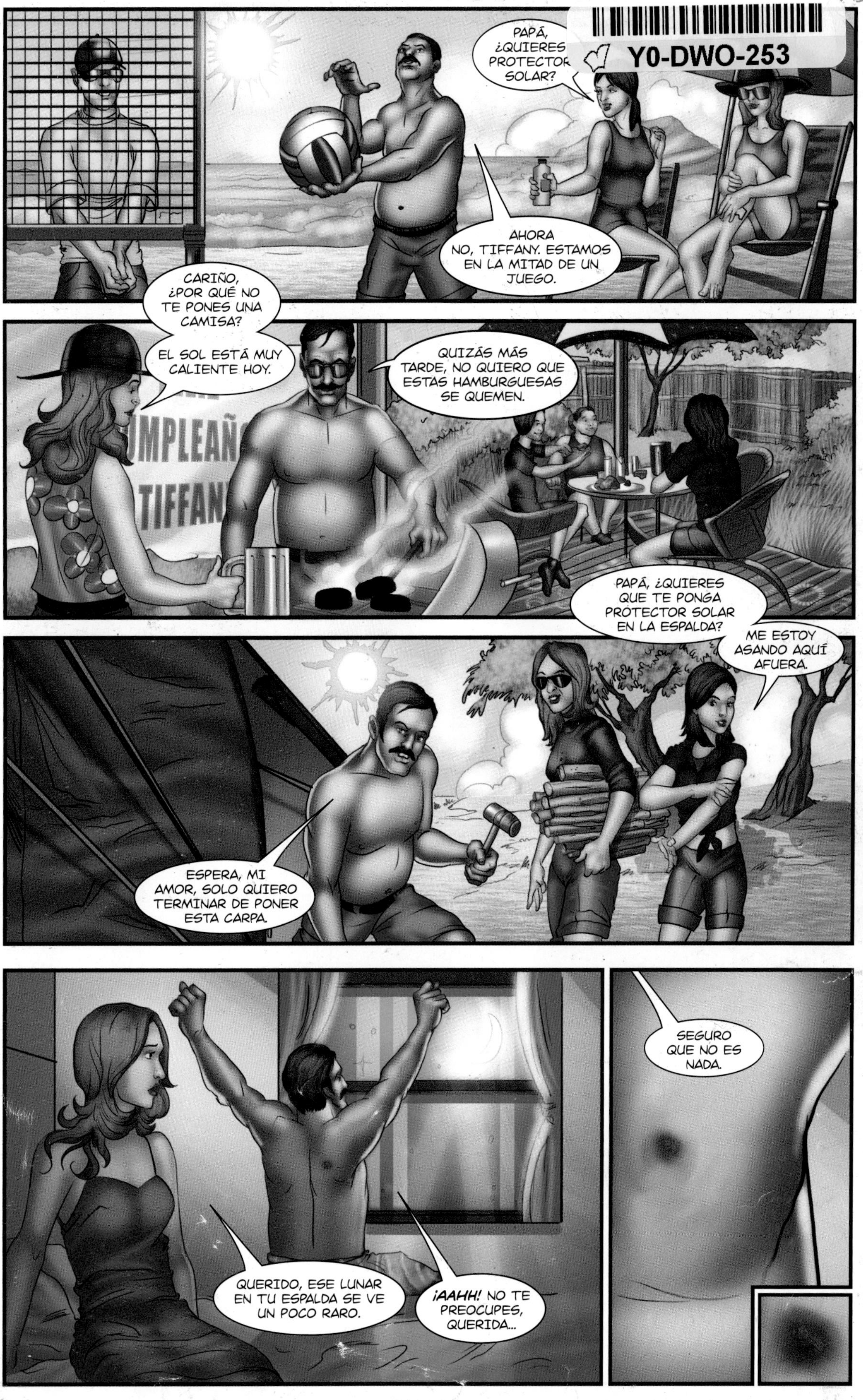
PAPÁ, ¿QUIERES PROTECTOR SOLAR?
AHORA NO, TIFFANY. ESTAMOS EN LA MITAD DE UN JUEGO.
CARIÑO, ¿POR QUÉ NO TE PONES UNA CAMISA?
EL SOL ESTÁ MUY CALIENTE HOY.
QUIZÁS MÁS TARDE, NO QUIERO QUE ESTAS HAMBURGUESAS SE QUEMEN.
CUMPLEAÑ
TIFFAN
PAPÁ, ¿QUIERES QUE TE PONGA PROTECTOR SOLAR EN LA ESPALDA?
ME ESTOY ASANDO AQUÍ AFUERA.
ESPERA, MI AMOR, SOLO QUIERO TERMINAR DE PONER ESTA CARPA.
QUERIDO, ESE LUNAR EN TU ESPALDA SE VE UN POCO RARO.
¡AAHH! NO TE PREOCUPES, QUERIDA...
SEGURO QUE NO ES NADA.

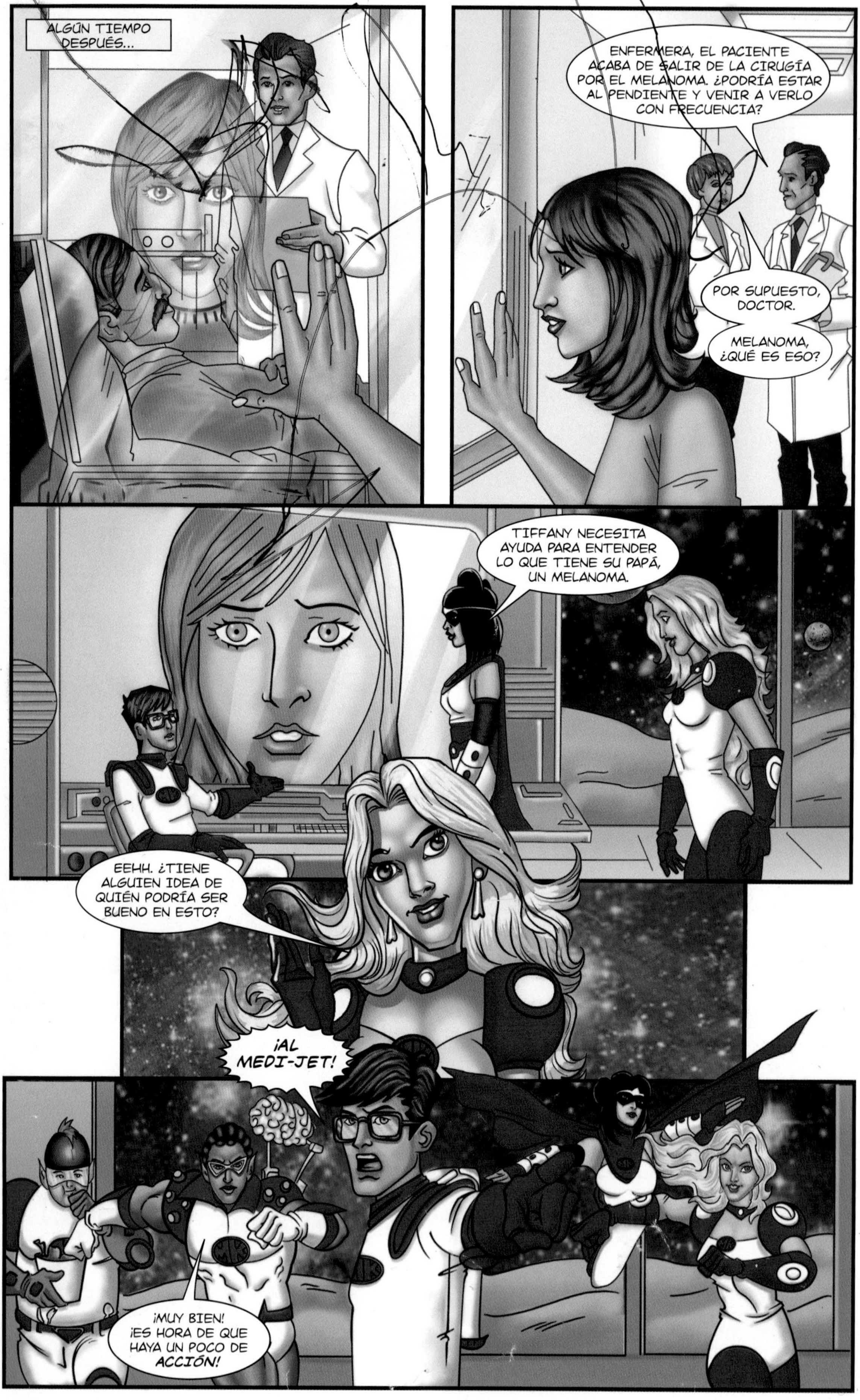
ALGÚN TIEMPO DESPUÉS...
ENFERMERA, EL PACIENTE ACABA DE SALIR DE LA CIRUGÍA POR EL MELANOMA. ¿PODRÍA ESTAR AL PENDIENTE Y VENIR A VERLO CON FRECUENCIA?
POR SUPUESTO, DOCTOR.
MELANOMA, ¿QUÉ ES ESO?
TIFFANY NECESITA AYUDA PARA ENTENDER LO QUE TIENE SU PAPÁ, UN MELANOMA.
EEHH. ¿TIENE ALGUIEN IDEA DE QUIÉN PODRÍA SER BUENO EN ESTO?
¡AL MEDI-JET!
¡MUY BIEN! ¡ES HORA DE QUE HAYA UN POCO DE ACCIÓN!

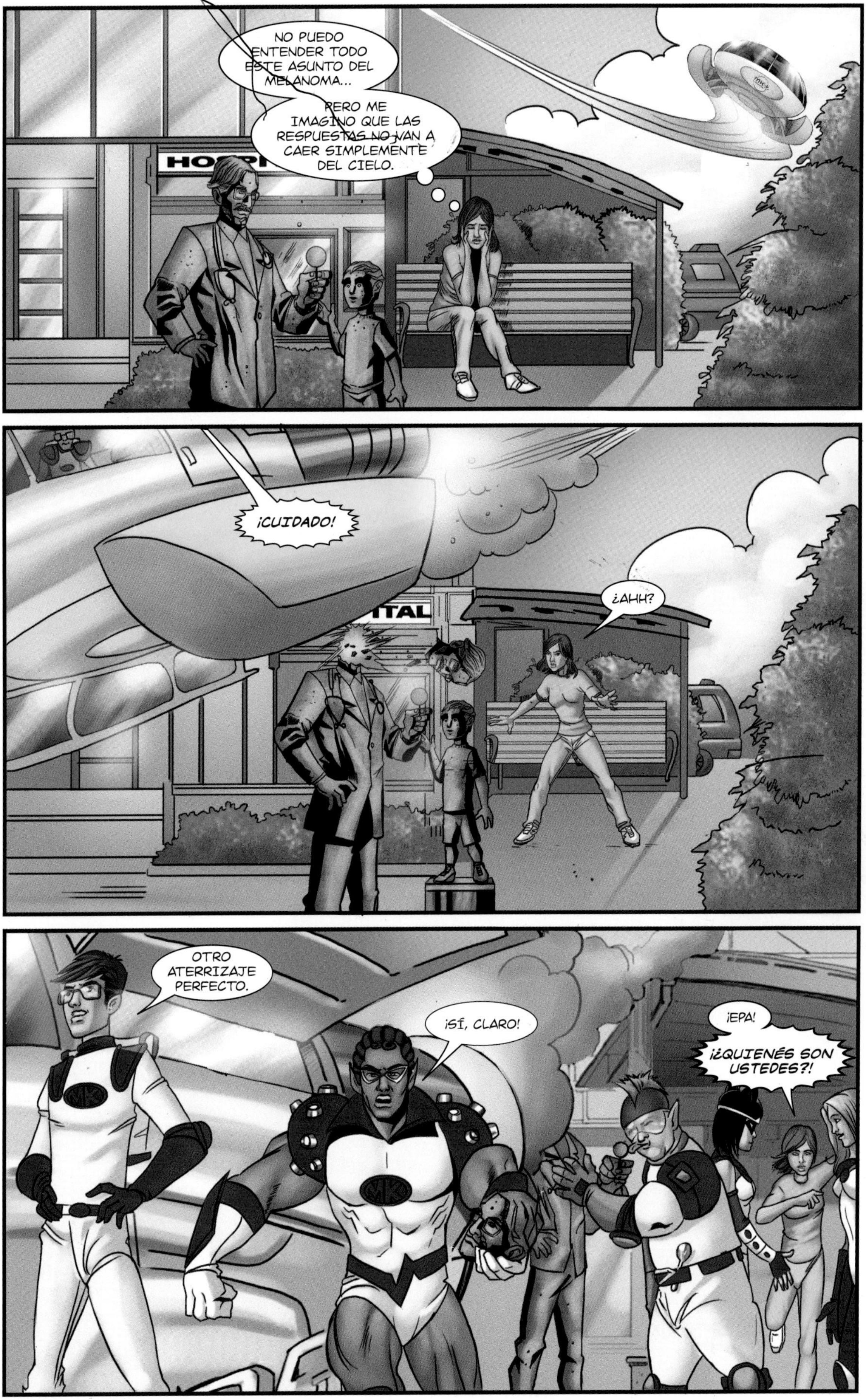
NO PUEDO ENTENDER TODO ESTE ASUNTO DEL MELANOMA...
PERO ME IMAGINO QUE LAS RESPUESTAS NO VAN A CAER SIMPLEMENTE DEL CIELO.
¡CUIDADO!
¿AHH?
OTRO ATERRIZAJE PERFECTO.
¡SÍ, CLARO!
¡EPA!
¡¿QUIENÉS SON USTEDES?!

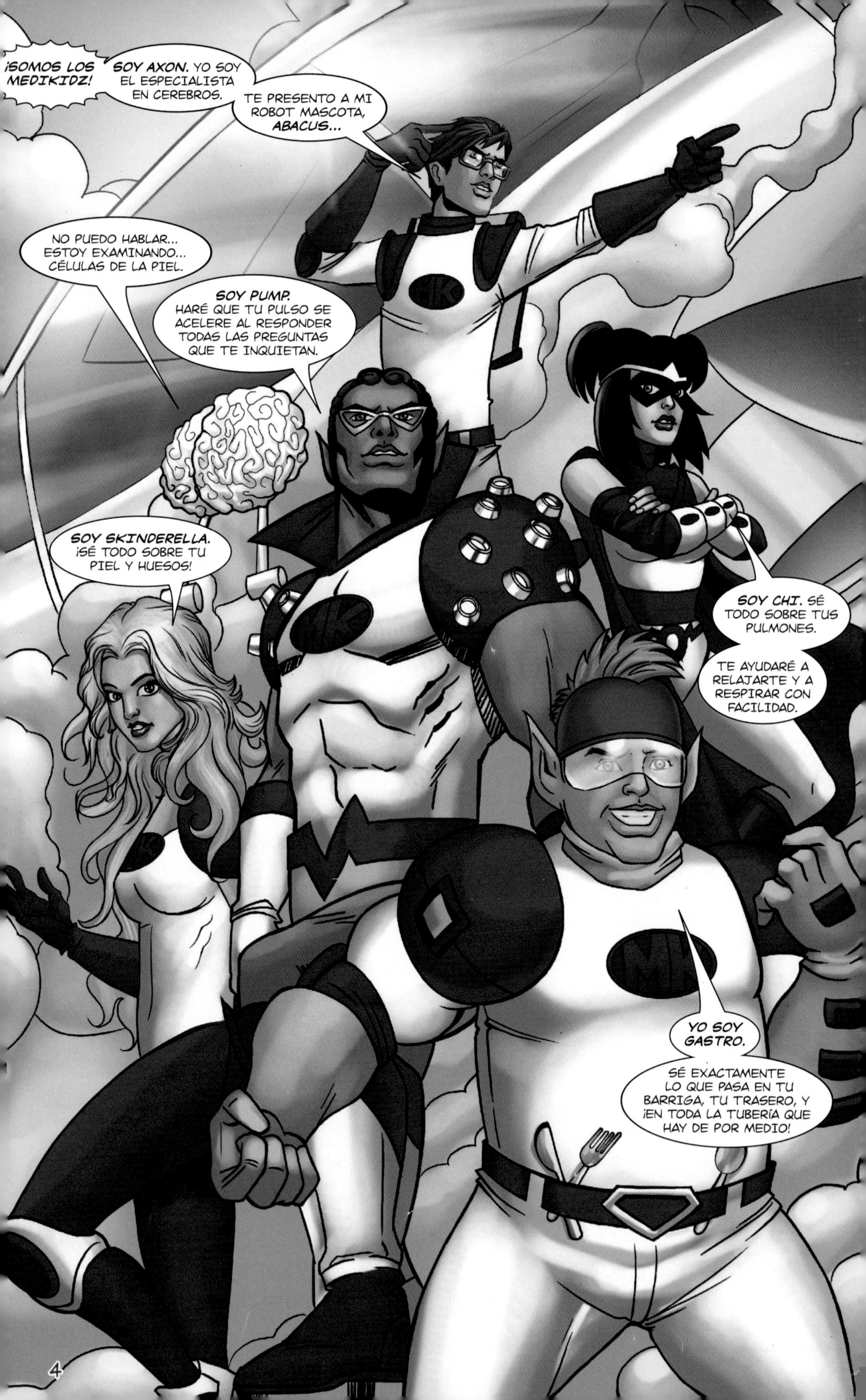
¡SOMOS LOS MEDIKIDZ!
SOY AXON. YO SOY EL ESPECIALISTA EN CEREBROS.
TE PRESENTO A MI ROBOT MASCOTA, ABACUS...
NO PUEDO HABLAR... ESTOY EXAMINANDO... CÉLULAS DE LA PIEL.
SOY PUMP. HARÉ QUE TU PULSO SE ACELERE AL RESPONDER TODAS LAS PREGUNTAS QUE TE INQUIETAN.
SOY SKINDERELLA. ¡SÉ TODO SOBRE TU PIEL Y HUESOS!
SOY CHI. SÉ TODO SOBRE TUS PULMONES.
TE AYUDARÉ A RELAJARTE Y A RESPIRAR CON FACILIDAD.
YO SOY GASTRO.
SÉ EXACTAMENTE LO QUE PASA EN TU BARRIGA, TU TRASERO, Y ¡EN TODA LA TUBERÍA QUE HAY DE POR MEDIO!

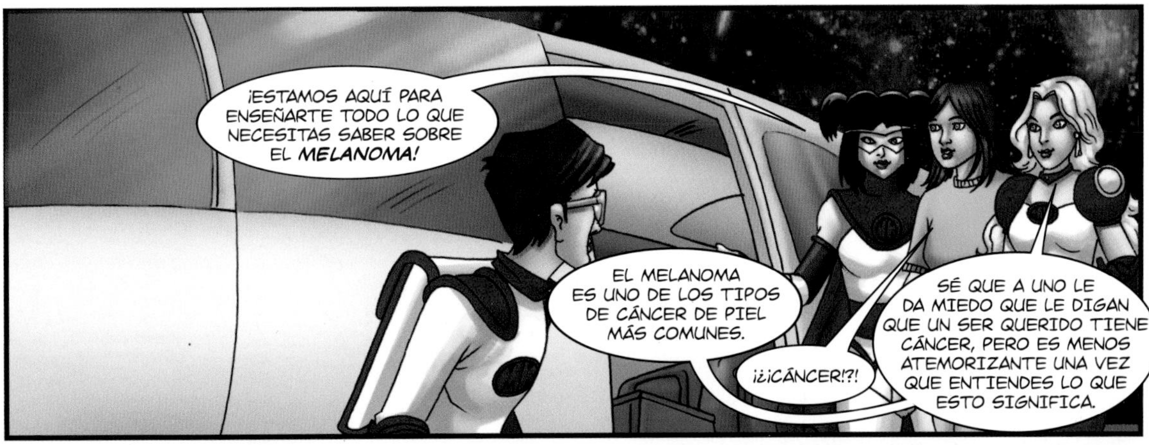
¡ESTAMOS AQUÍ PARA ENSEÑARTE TODO LO QUE NECESITAS SABER SOBRE EL **MELANOMA!**
EL MELANOMA ES UNO DE LOS TIPOS DE CÁNCER DE PIEL MÁS COMUNES.
¡¿¡CÁNCER!?!
SÉ QUE A UNO LE DA MIEDO QUE LE DIGAN QUE UN SER QUERIDO TIENE CÁNCER, PERO ES MENOS ATEMORIZANTE UNA VEZ QUE ENTIENDES LO QUE ESTO SIGNIFICA.

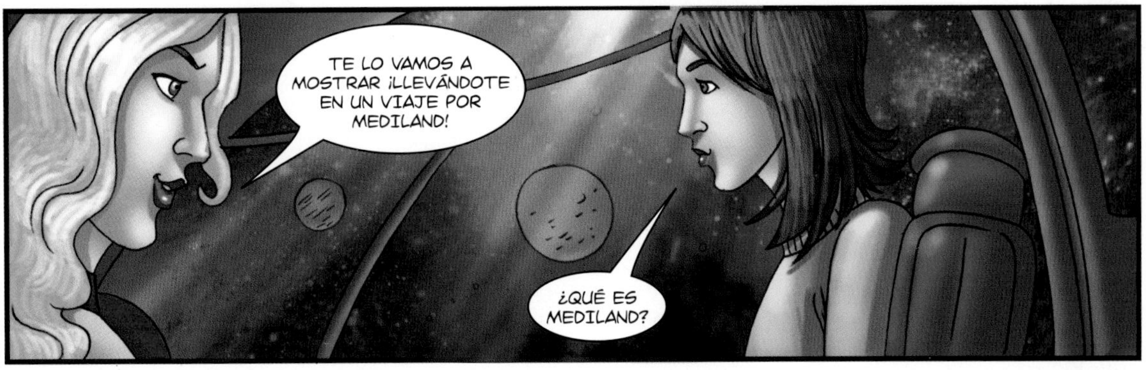
TE LO VAMOS A MOSTRAR ¡LLEVÁNDOTE EN UN VIAJE POR MEDILAND!
¿QUÉ ES MEDILAND?

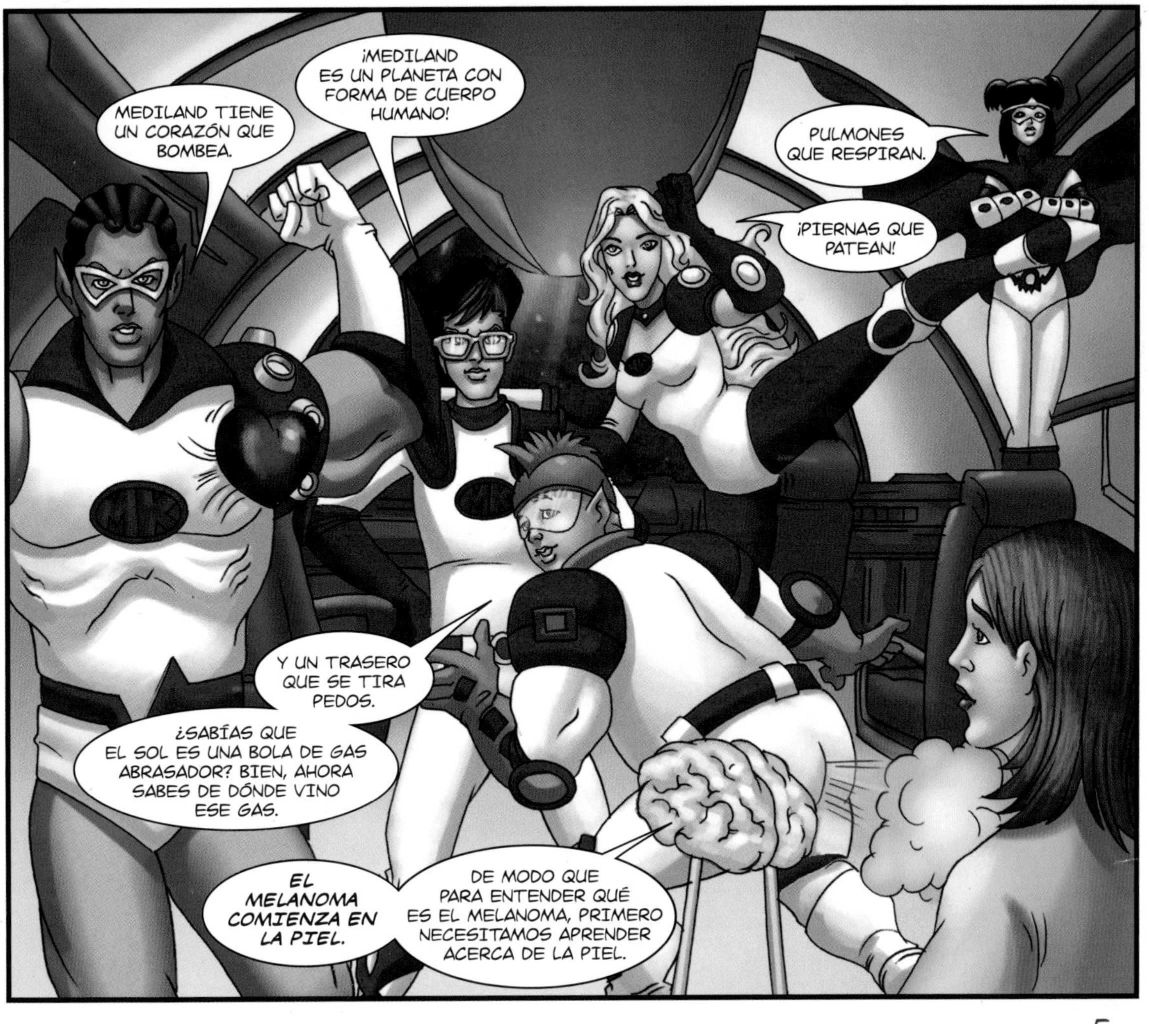
¡MEDILAND ES UN PLANETA CON FORMA DE CUERPO HUMANO!
MEDILAND TIENE UN CORAZÓN QUE BOMBEA.
PULMONES QUE RESPIRAN.
¡PIERNAS QUE PATEAN!
Y UN TRASERO QUE SE TIRA PEDOS.
¿SABÍAS QUE EL SOL ES UNA BOLA DE GAS ABRASADOR? BIEN, AHORA SABES DE DÓNDE VINO ESE GAS.
EL MELANOMA COMIENZA EN LA PIEL.
DE MODO QUE PARA ENTENDER QUÉ ES EL MELANOMA, PRIMERO NECESITAMOS APRENDER ACERCA DE LA PIEL.

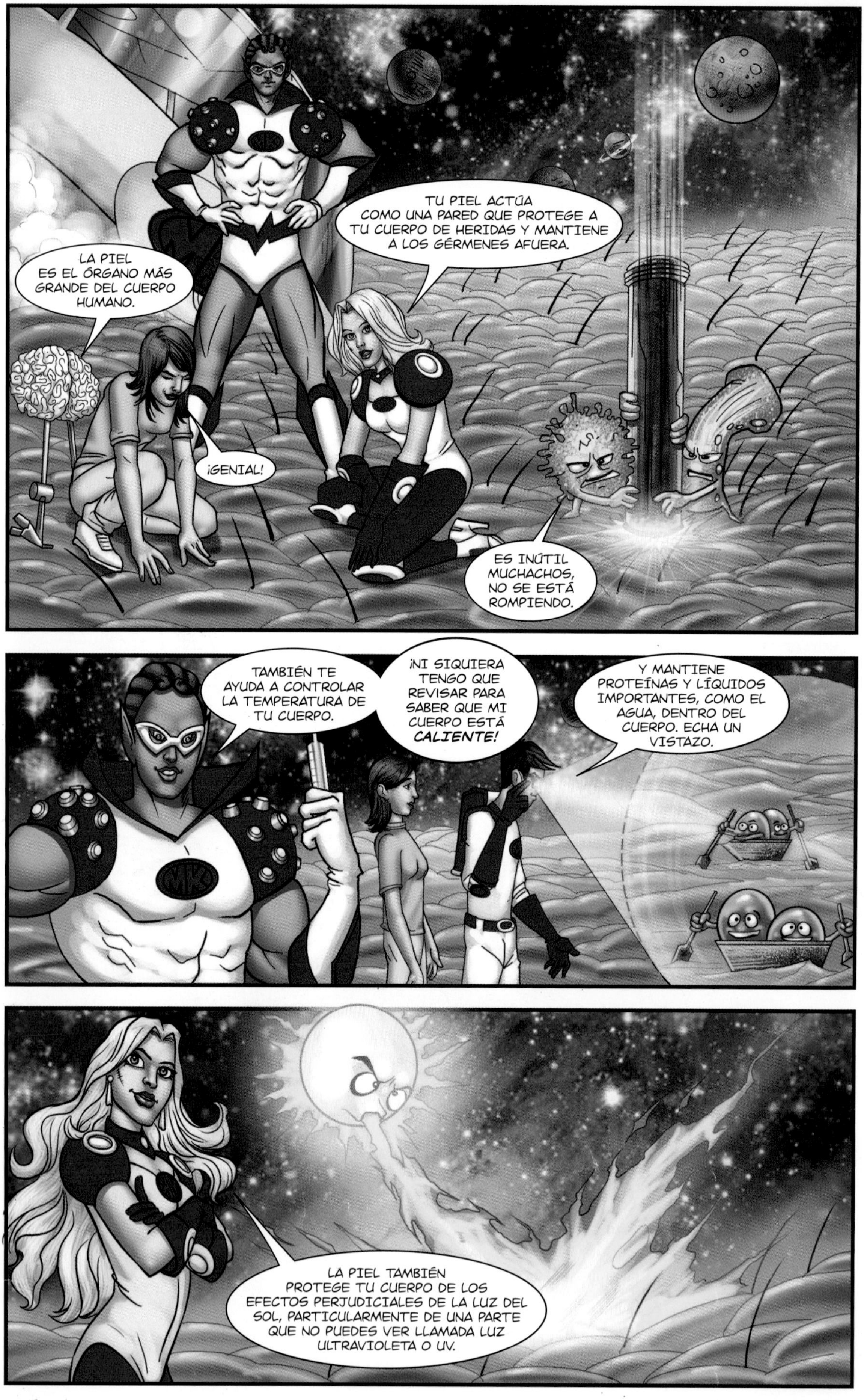
LA PIEL ES EL ÓRGANO MÁS GRANDE DEL CUERPO HUMANO.
TU PIEL ACTÚA COMO UNA PARED QUE PROTEGE A TU CUERPO DE HERIDAS Y MANTIENE A LOS GÉRMENES AFUERA.
¡GENIAL!
ES INÚTIL MUCHACHOS, NO SE ESTÁ ROMPIENDO.
TAMBIÉN TE AYUDA A CONTROLAR LA TEMPERATURA DE TU CUERPO.
¡NI SIQUIERA TENGO QUE REVISAR PARA SABER QUE MI CUERPO ESTÁ **CALIENTE!**
Y MANTIENE PROTEÍNAS Y LÍQUIDOS IMPORTANTES, COMO EL AGUA, DENTRO DEL CUERPO. ECHA UN VISTAZO.
LA PIEL TAMBIÉN PROTEGE TU CUERPO DE LOS EFECTOS PERJUDICIALES DE LA LUZ DEL SOL, PARTICULARMENTE DE UNA PARTE QUE NO PUEDES VER LLAMADA LUZ ULTRAVIOLETA O UV.

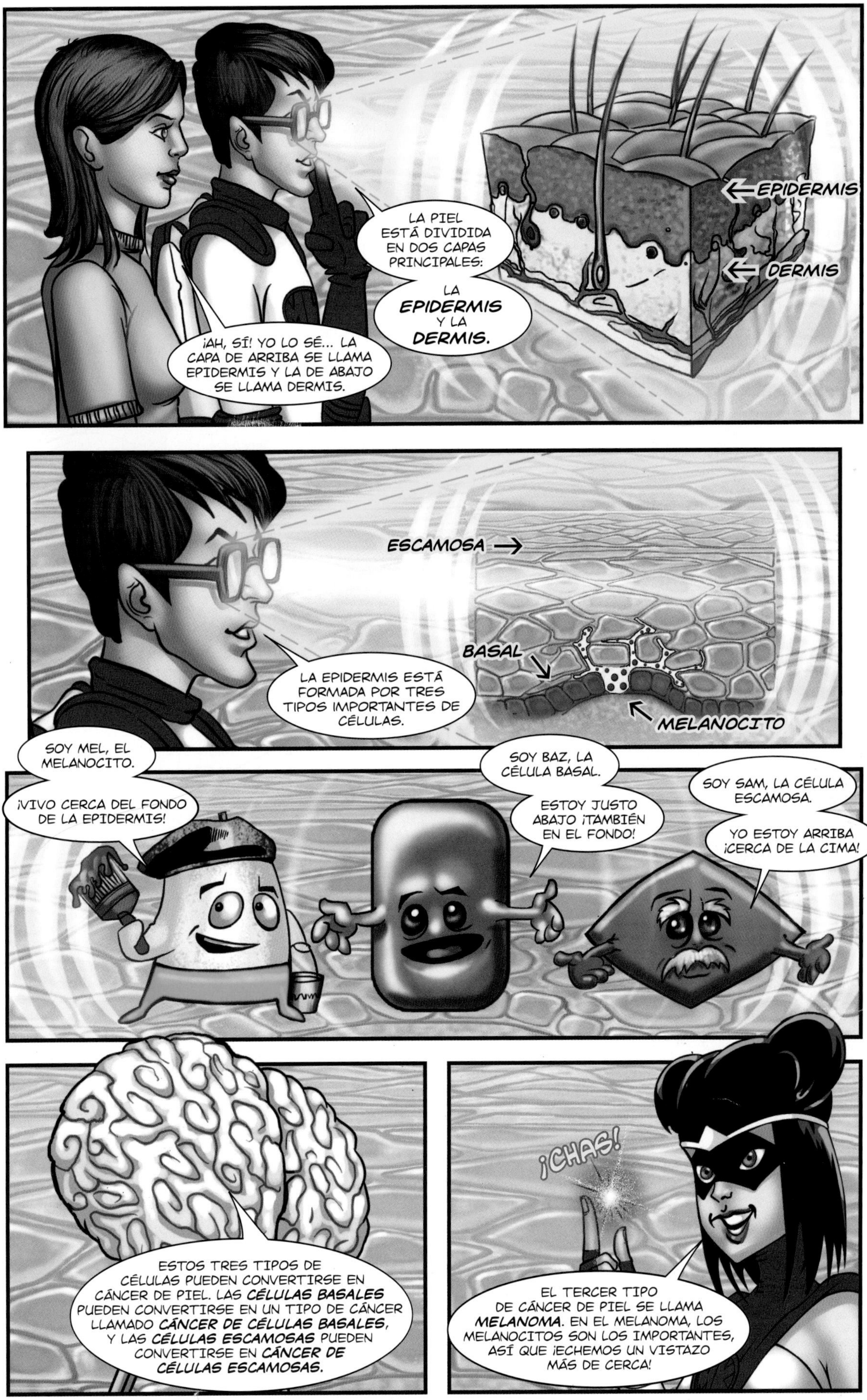
LA PIEL ESTÁ DIVIDIDA EN DOS CAPAS PRINCIPALES:
LA EPIDERMIS Y LA DERMIS.
EPIDERMIS
DERMIS
¡AH, SÍ! YO LO SÉ... LA CAPA DE ARRIBA SE LLAMA EPIDERMIS Y LA DE ABAJO SE LLAMA DERMIS.
ESCAMOSA
BASAL
MELANOCITO
LA EPIDERMIS ESTÁ FORMADA POR TRES TIPOS IMPORTANTES DE CÉLULAS.
SOY MEL, EL MELANOCITO.
¡VIVO CERCA DEL FONDO DE LA EPIDERMIS!
SOY BAZ, LA CÉLULA BASAL.
ESTOY JUSTO ABAJO ¡TAMBIÉN EN EL FONDO!
SOY SAM, LA CÉLULA ESCAMOSA.
YO ESTOY ARRIBA ¡CERCA DE LA CIMA!
ESTOS TRES TIPOS DE CÉLULAS PUEDEN CONVERTIRSE EN CÁNCER DE PIEL. LAS CÉLULAS BASALES PUEDEN CONVERTIRSE EN UN TIPO DE CÁNCER LLAMADO CÁNCER DE CÉLULAS BASALES, Y LAS CÉLULAS ESCAMOSAS PUEDEN CONVERTIRSE EN CÁNCER DE CÉLULAS ESCAMOSAS.
¡CHAS!
EL TERCER TIPO DE CÁNCER DE PIEL SE LLAMA MELANOMA. EN EL MELANOMA, LOS MELANOCITOS SON LOS IMPORTANTES, ASÍ QUE ¡ECHEMOS UN VISTAZO MÁS DE CERCA!

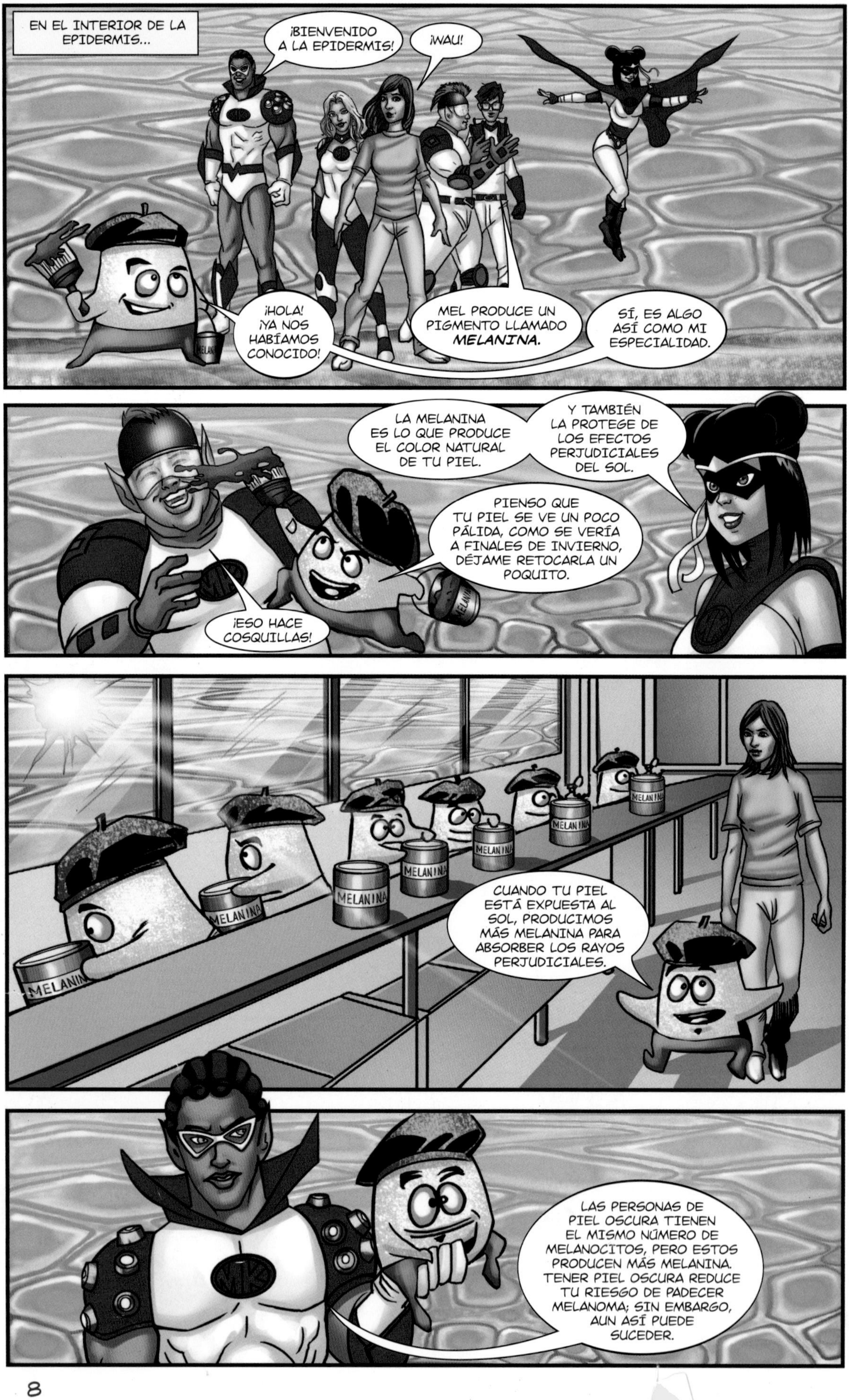
EN EL INTERIOR DE LA EPIDERMIS...
¡BIENVENIDO A LA EPIDERMIS!
¡WAU!
¡HOLA! ¡YA NOS HABÍAMOS CONOCIDO!
MEL PRODUCE UN PIGMENTO LLAMADO **MELANINA.**
SÍ, ES ALGO ASÍ COMO MI ESPECIALIDAD.
LA MELANINA ES LO QUE PRODUCE EL COLOR NATURAL DE TU PIEL.
Y TAMBIÉN LA PROTEGE DE LOS EFECTOS PERJUDICIALES DEL SOL.
PIENSO QUE TU PIEL SE VE UN POCO PÁLIDA, COMO SE VERÍA A FINALES DE INVIERNO, DÉJAME RETOCARLA UN POQUITO.
¡ESO HACE COSQUILLAS!
MELANINA
CUANDO TU PIEL ESTÁ EXPUESTA AL SOL, PRODUCIMOS MÁS MELANINA PARA ABSORBER LOS RAYOS PERJUDICIALES.
LAS PERSONAS DE PIEL OSCURA TIENEN EL MISMO NÚMERO DE MELANOCITOS, PERO ESTOS PRODUCEN MÁS MELANINA. TENER PIEL OSCURA REDUCE TU RIESGO DE PADECER MELANOMA; SIN EMBARGO, AUN ASÍ PUEDE SUCEDER.

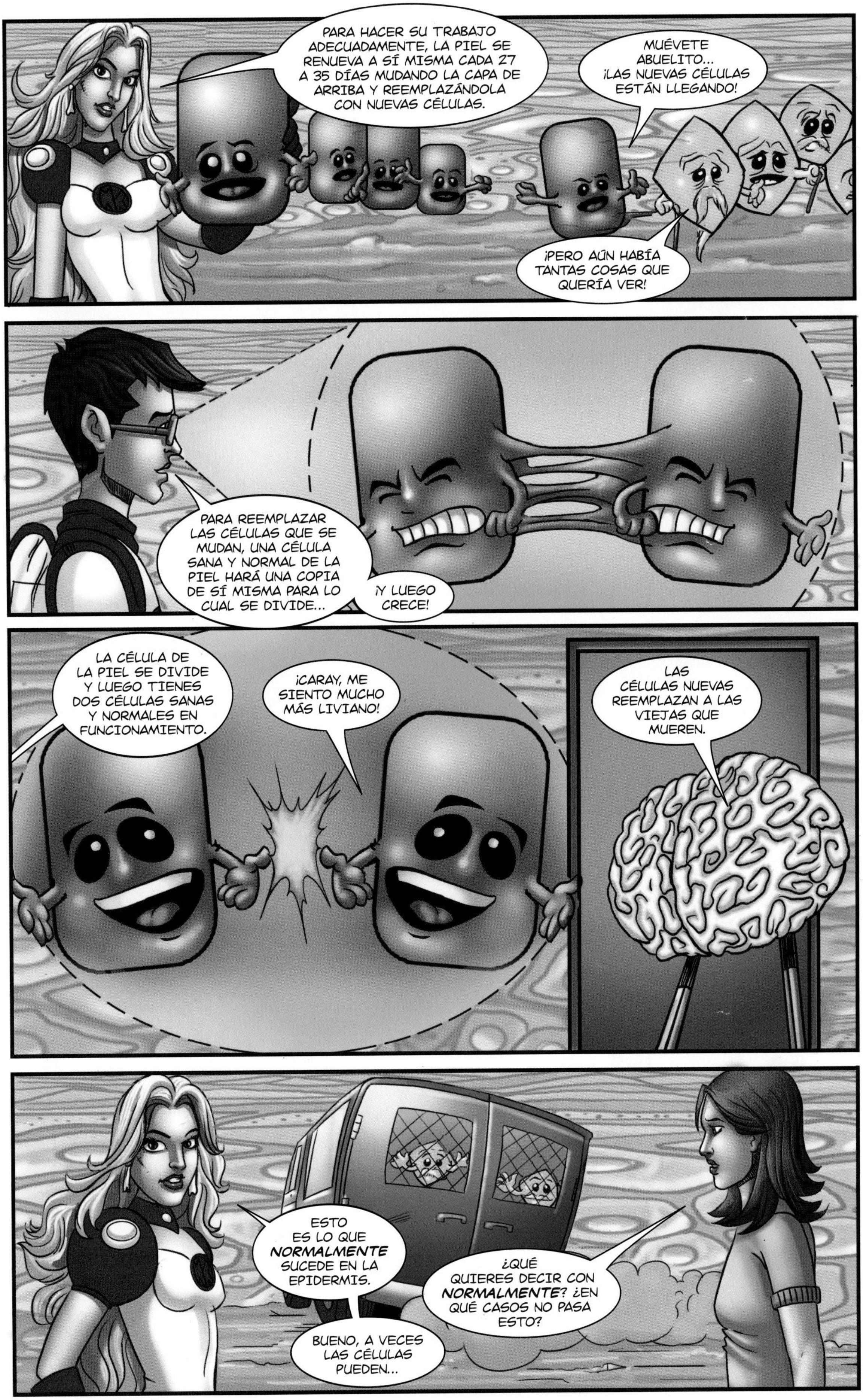
PARA HACER SU TRABAJO ADECUADAMENTE, LA PIEL SE RENUEVA A SÍ MISMA CADA 27 A 35 DÍAS MUDANDO LA CAPA DE ARRIBA Y REEMPLAZÁNDOLA CON NUEVAS CÉLULAS.
MUÉVETE ABUELITO... ¡LAS NUEVAS CÉLULAS ESTÁN LLEGANDO!
¡PERO AÚN HABÍA TANTAS COSAS QUE QUERÍA VER!
PARA REEMPLAZAR LAS CÉLULAS QUE SE MUDAN, UNA CÉLULA SANA Y NORMAL DE LA PIEL HARÁ UNA COPIA DE SÍ MISMA PARA LO CUAL SE DIVIDE...
¡Y LUEGO CRECE!
LA CÉLULA DE LA PIEL SE DIVIDE Y LUEGO TIENES DOS CÉLULAS SANAS Y NORMALES EN FUNCIONAMIENTO.
¡CARAY, ME SIENTO MUCHO MÁS LIVIANO!
LAS CÉLULAS NUEVAS REEMPLAZAN A LAS VIEJAS QUE MUEREN.
ESTO ES LO QUE **NORMALMENTE** SUCEDE EN LA EPIDERMIS.
¿QUÉ QUIERES DECIR CON **NORMALMENTE**? ¿EN QUÉ CASOS NO PASA ESTO?
BUENO, A VECES LAS CÉLULAS PUEDEN...

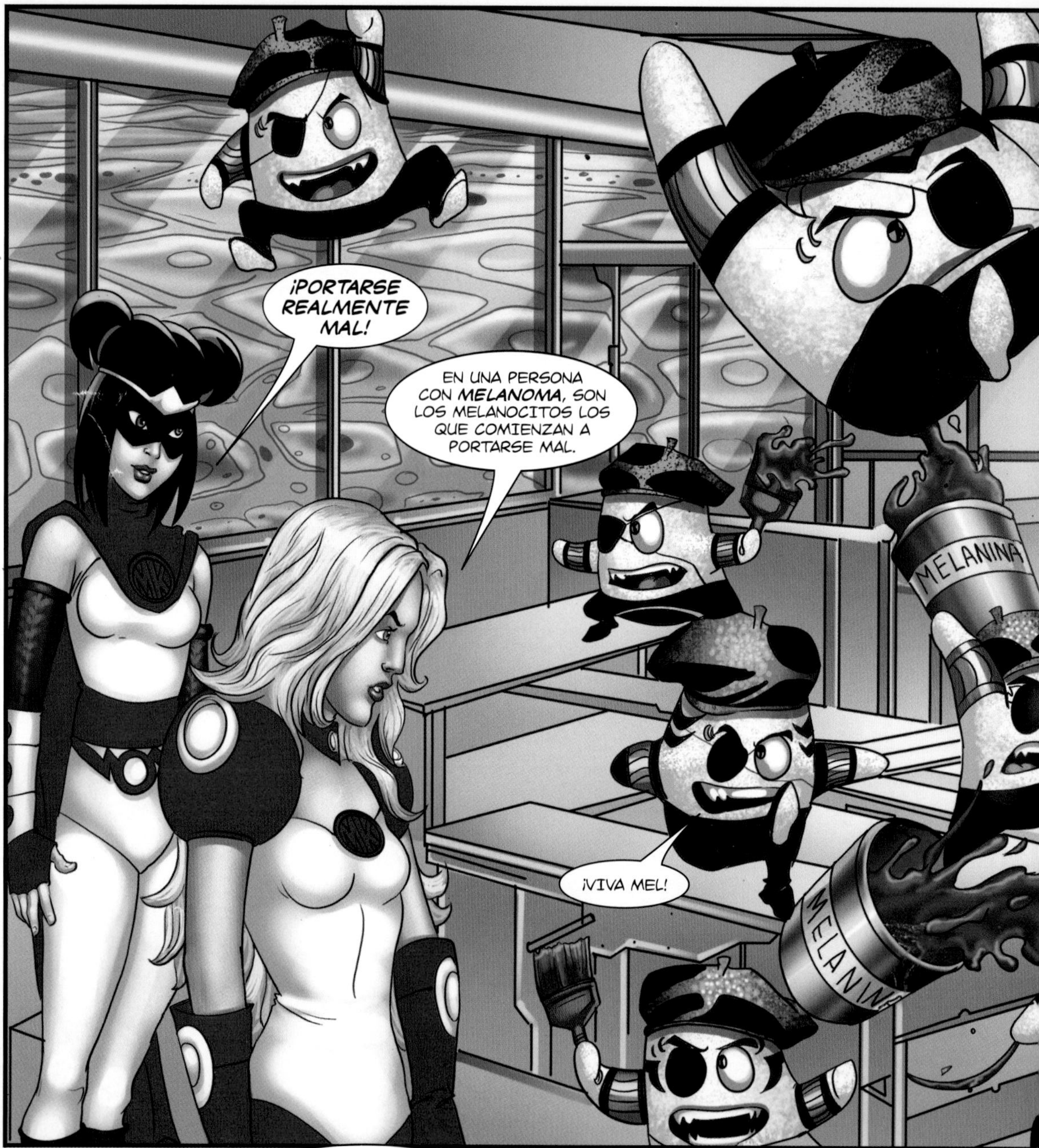
¡PORTARSE REALMENTE MAL!
EN UNA PERSONA CON MELANOMA, SON LOS MELANOCITOS LOS QUE COMIENZAN A PORTARSE MAL.
MELANINA
¡VIVA MEL!
MELANINA

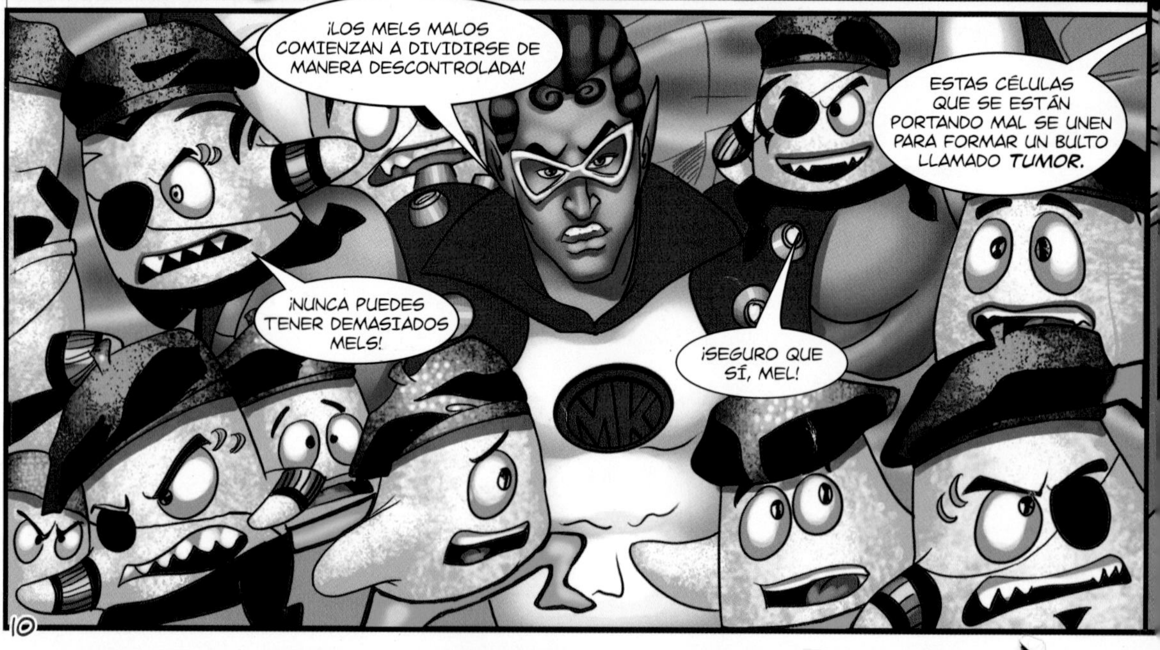
¡LOS MELS MALOS COMIENZAN A DIVIDIRSE DE MANERA DESCONTROLADA!
ESTAS CÉLULAS QUE SE ESTÁN PORTANDO MAL SE UNEN PARA FORMAR UN BULTO LLAMADO TUMOR.
¡NUNCA PUEDES TENER DEMASIADOS MELS!
¡SEGURO QUE SÍ, MEL!

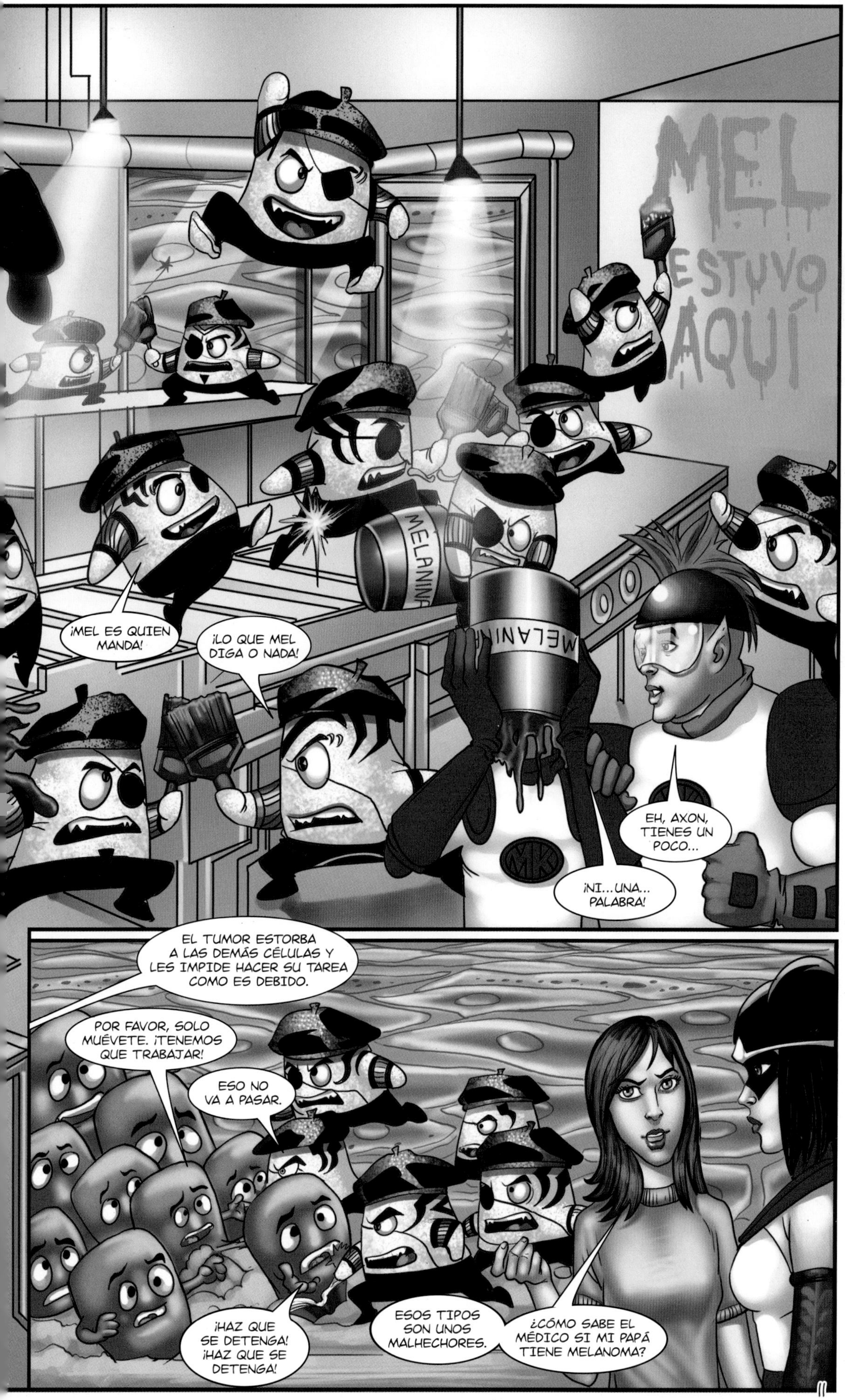
MEL ESTUVO AQUÍ
MELANINA
MELANINA
¡MEL ES QUIEN MANDA!
¡LO QUE MEL DIGA O NADA!
EH, AXON, TIENES UN POCO...
¡NI...UNA... PALABRA!
EL TUMOR ESTORBA A LAS DEMÁS CÉLULAS Y LES IMPIDE HACER SU TAREA COMO ES DEBIDO.
POR FAVOR, SOLO MUÉVETE. ¡TENEMOS QUE TRABAJAR!
ESO NO VA A PASAR.
¡HAZ QUE SE DETENGA! ¡HAZ QUE SE DETENGA!
ESOS TIPOS SON UNOS MALHECHORES.
¿CÓMO SABE EL MÉDICO SI MI PAPÁ TIENE MELANOMA?

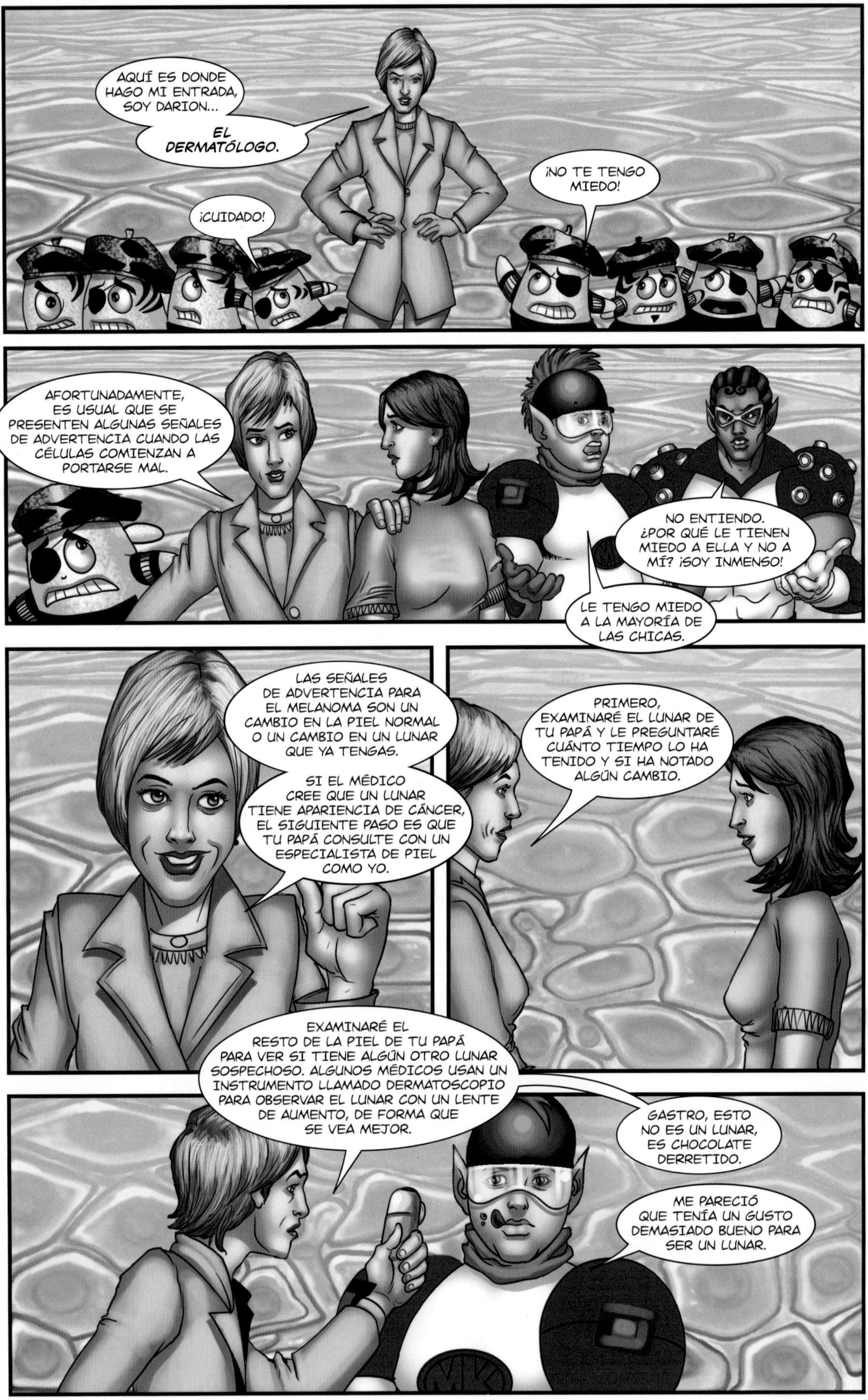
AQUÍ ES DONDE HAGO MI ENTRADA, SOY DARION...
EL DERMATÓLOGO.
¡CUIDADO!
¡NO TE TENGO MIEDO!
AFORTUNADAMENTE, ES USUAL QUE SE PRESENTEN ALGUNAS SEÑALES DE ADVERTENCIA CUANDO LAS CÉLULAS COMIENZAN A PORTARSE MAL.
NO ENTIENDO. ¿POR QUÉ LE TIENEN MIEDO A ELLA Y NO A MÍ? ¡SOY INMENSO!
LE TENGO MIEDO A LA MAYORÍA DE LAS CHICAS.
LAS SEÑALES DE ADVERTENCIA PARA EL MELANOMA SON UN CAMBIO EN LA PIEL NORMAL O UN CAMBIO EN UN LUNAR QUE YA TENGAS.
SI EL MÉDICO CREE QUE UN LUNAR TIENE APARIENCIA DE CÁNCER, EL SIGUIENTE PASO ES QUE TU PAPÁ CONSULTE CON UN ESPECIALISTA DE PIEL COMO YO.
PRIMERO, EXAMINARÉ EL LUNAR DE TU PAPÁ Y LE PREGUNTARÉ CUÁNTO TIEMPO LO HA TENIDO Y SI HA NOTADO ALGÚN CAMBIO.
EXAMINARÉ EL RESTO DE LA PIEL DE TU PAPÁ PARA VER SI TIENE ALGÚN OTRO LUNAR SOSPECHOSO. ALGUNOS MÉDICOS USAN UN INSTRUMENTO LLAMADO DERMATOSCOPIO PARA OBSERVAR EL LUNAR CON UN LENTE DE AUMENTO, DE FORMA QUE SE VEA MEJOR.
GASTRO, ESTO NO ES UN LUNAR, ES CHOCOLATE DERRETIDO.
ME PARECIÓ QUE TENÍA UN GUSTO DEMASIADO BUENO PARA SER UN LUNAR.

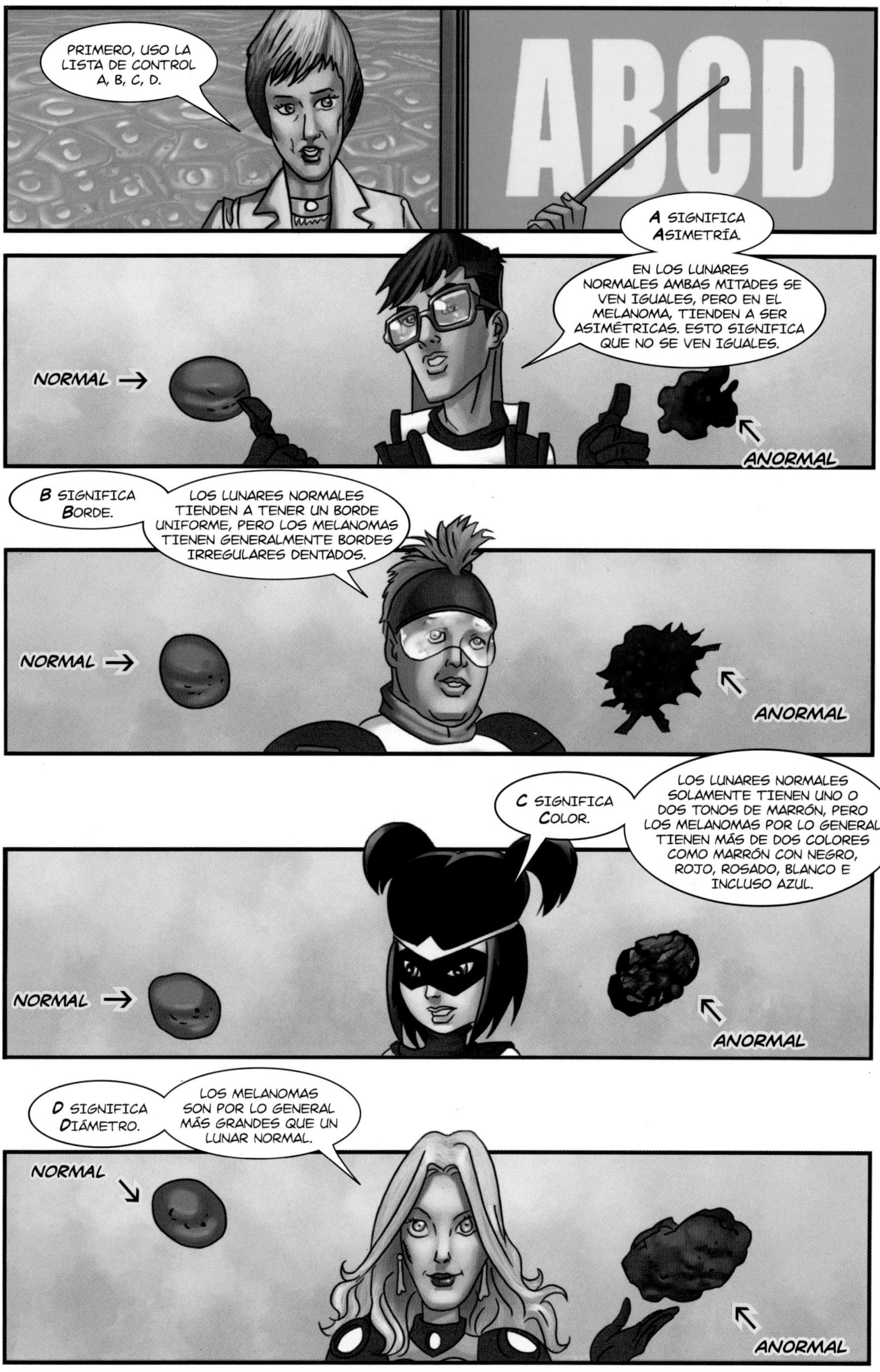

PRIMERO, USO LA LISTA DE CONTROL A, B, C, D.
ABCD
A SIGNIFICA ASIMETRÍA.
EN LOS LUNARES NORMALES AMBAS MITADES SE VEN IGUALES, PERO EN EL MELANOMA, TIENDEN A SER ASIMÉTRICAS. ESTO SIGNIFICA QUE NO SE VEN IGUALES.
NORMAL
ANORMAL
B SIGNIFICA BORDE.
LOS LUNARES NORMALES TIENDEN A TENER UN BORDE UNIFORME, PERO LOS MELANOMAS TIENEN GENERALMENTE BORDES IRREGULARES DENTADOS.
NORMAL
ANORMAL
C SIGNIFICA COLOR.
LOS LUNARES NORMALES SOLAMENTE TIENEN UNO O DOS TONOS DE MARRÓN, PERO LOS MELANOMAS POR LO GENERAL TIENEN MÁS DE DOS COLORES COMO MARRÓN CON NEGRO, ROJO, ROSADO, BLANCO E INCLUSO AZUL.
NORMAL
ANORMAL
D SIGNIFICA DIÁMETRO.
LOS MELANOMAS SON POR LO GENERAL MÁS GRANDES QUE UN LUNAR NORMAL.
NORMAL
ANORMAL

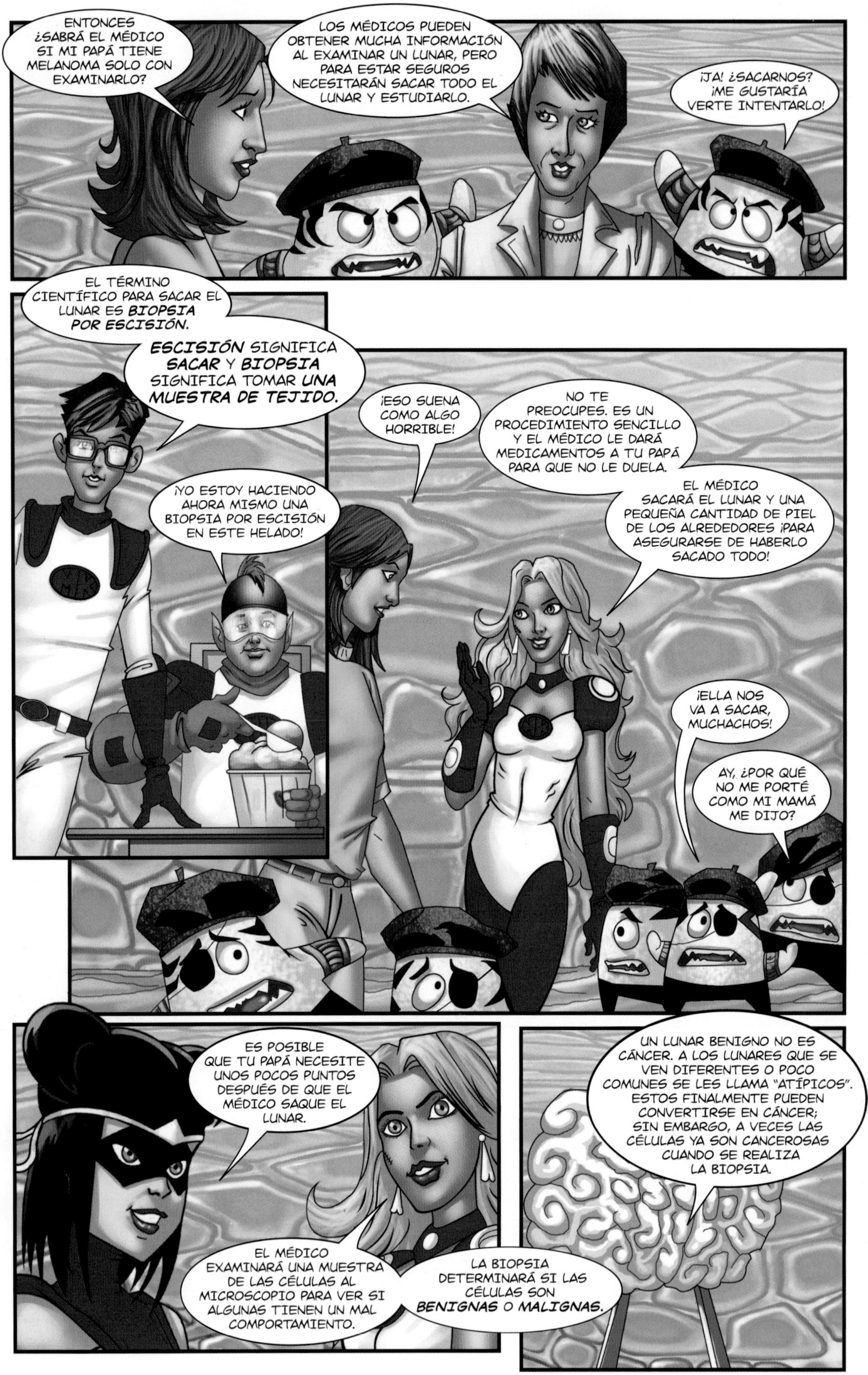
ENTONCES ¿SABRÁ EL MÉDICO SI MI PAPÁ TIENE MELANOMA SOLO CON EXAMINARLO?
LOS MÉDICOS PUEDEN OBTENER MUCHA INFORMACIÓN AL EXAMINAR UN LUNAR, PERO PARA ESTAR SEGUROS NECESITARÁN SACAR TODO EL LUNAR Y ESTUDIARLO.
¡JA! ¿SACARNOS? ¡ME GUSTARÍA VERTE INTENTARLO!
EL TÉRMINO CIENTÍFICO PARA SACAR EL LUNAR ES **BIOPSIA POR ESCISIÓN.**
ESCISIÓN SIGNIFICA **SACAR** Y **BIOPSIA** SIGNIFICA TOMAR **UNA MUESTRA DE TEJIDO.**
¡YO ESTOY HACIENDO AHORA MISMO UNA BIOPSIA POR ESCISIÓN EN ESTE HELADO!
¡ESO SUENA COMO ALGO HORRIBLE!
NO TE PREOCUPES. ES UN PROCEDIMIENTO SENCILLO Y EL MÉDICO LE DARÁ MEDICAMENTOS A TU PAPÁ PARA QUE NO LE DUELA.
EL MÉDICO SACARÁ EL LUNAR Y UNA PEQUEÑA CANTIDAD DE PIEL DE LOS ALREDEDORES ¡PARA ASEGURARSE DE HABERLO SACADO TODO!
¡ELLA NOS VA A SACAR, MUCHACHOS!
AY, ¿POR QUÉ NO ME PORTÉ COMO MI MAMÁ ME DIJO?
ES POSIBLE QUE TU PAPÁ NECESITE UNOS POCOS PUNTOS DESPUÉS DE QUE EL MÉDICO SAQUE EL LUNAR.
EL MÉDICO EXAMINARÁ UNA MUESTRA DE LAS CÉLULAS AL MICROSCOPIO PARA VER SI ALGUNAS TIENEN UN MAL COMPORTAMIENTO.
LA BIOPSIA DETERMINARÁ SI LAS CÉLULAS SON **BENIGNAS** O **MALIGNAS.**
UN LUNAR BENIGNO NO ES CÁNCER. A LOS LUNARES QUE SE VEN DIFERENTES O POCO COMUNES SE LES LLAMA "ATÍPICOS". ESTOS FINALMENTE PUEDEN CONVERTIRSE EN CÁNCER; SIN EMBARGO, A VECES LAS CÉLULAS YA SON CANCEROSAS CUANDO SE REALIZA LA BIOPSIA.

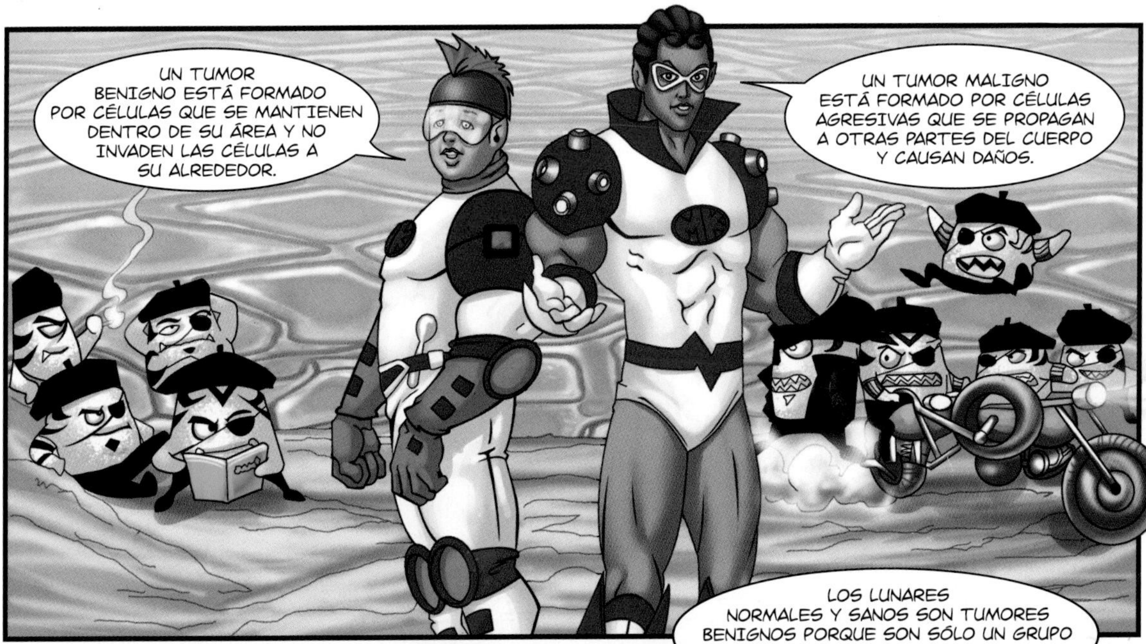
UN TUMOR BENIGNO ESTÁ FORMADO POR CÉLULAS QUE SE MANTIENEN DENTRO DE SU ÁREA Y NO INVADEN LAS CÉLULAS A SU ALREDEDOR.
UN TUMOR MALIGNO ESTÁ FORMADO POR CÉLULAS AGRESIVAS QUE SE PROPAGAN A OTRAS PARTES DEL CUERPO Y CAUSAN DAÑOS.

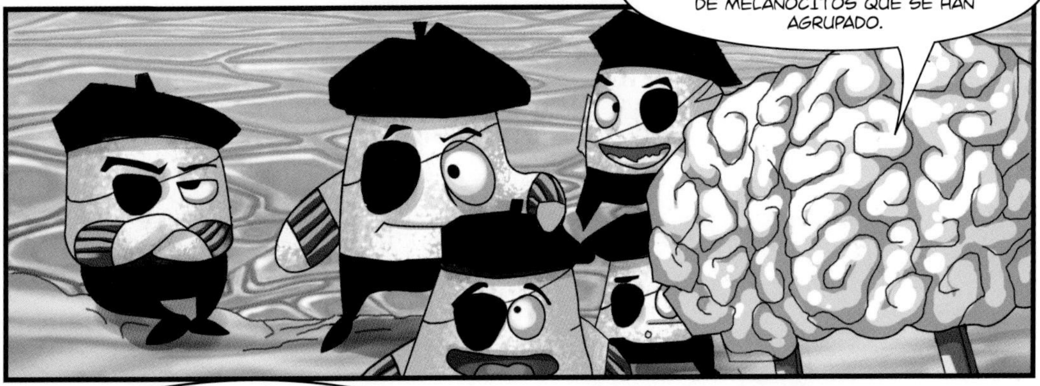
LOS LUNARES NORMALES Y SANOS SON TUMORES BENIGNOS PORQUE SON SÓLO UN GRUPO DE MELANOCITOS QUE SE HAN AGRUPADO.

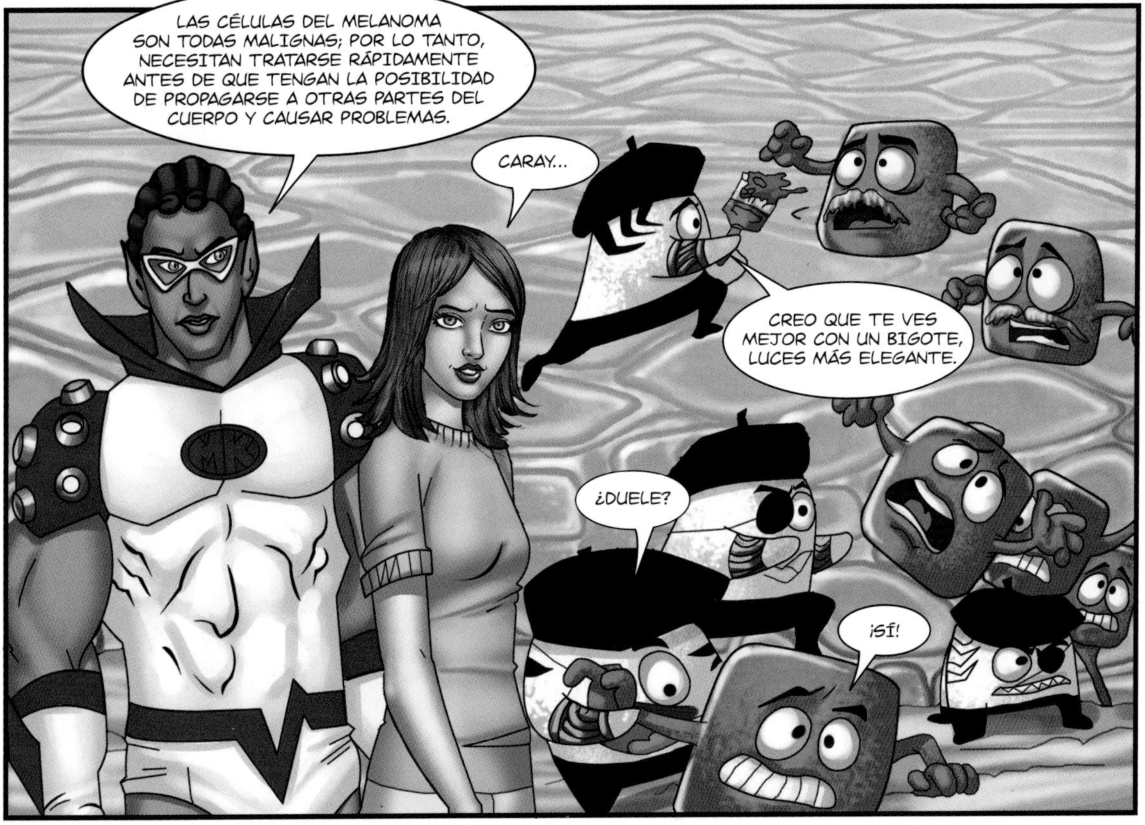
LAS CÉLULAS DEL MELANOMA SON TODAS MALIGNAS; POR LO TANTO, NECESITAN TRATARSE RÁPIDAMENTE ANTES DE QUE TENGAN LA POSIBILIDAD DE PROPAGARSE A OTRAS PARTES DEL CUERPO Y CAUSAR PROBLEMAS.
CARAY...
CREO QUE TE VES MEJOR CON UN BIGOTE, LUCES MÁS ELEGANTE.
¿DUELE?
¡SÍ!

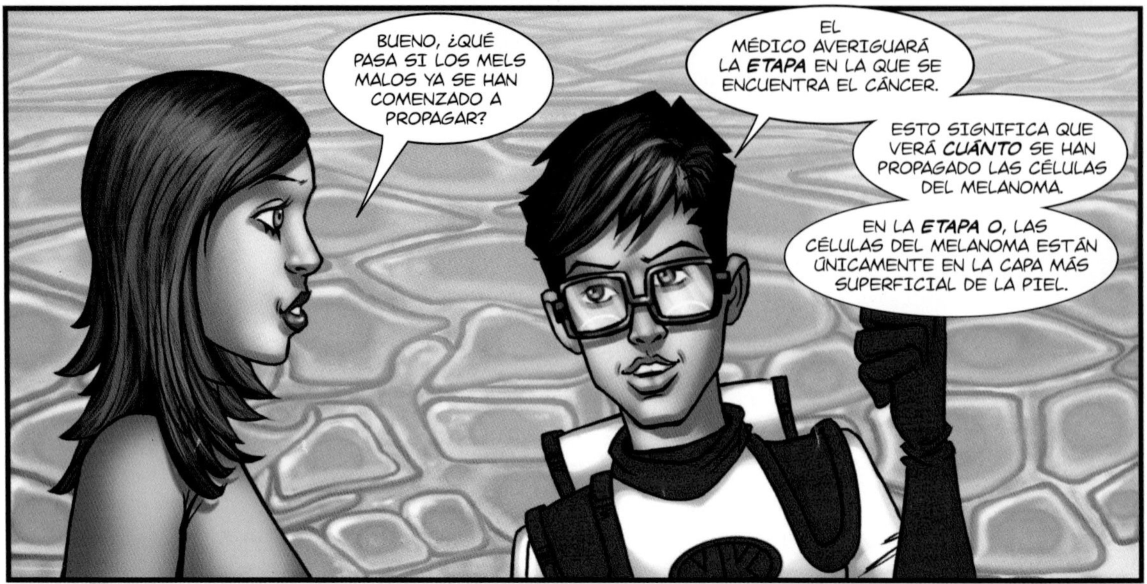
BUENO, ¿QUÉ PASA SI LOS MELS MALOS YA SE HAN COMENZADO A PROPAGAR?
EL MÉDICO AVERIGUARÁ LA ETAPA EN LA QUE SE ENCUENTRA EL CÁNCER.
ESTO SIGNIFICA QUE VERÁ CUÁNTO SE HAN PROPAGADO LAS CÉLULAS DEL MELANOMA.
EN LA ETAPA 0, LAS CÉLULAS DEL MELANOMA ESTÁN ÚNICAMENTE EN LA CAPA MÁS SUPERFICIAL DE LA PIEL.

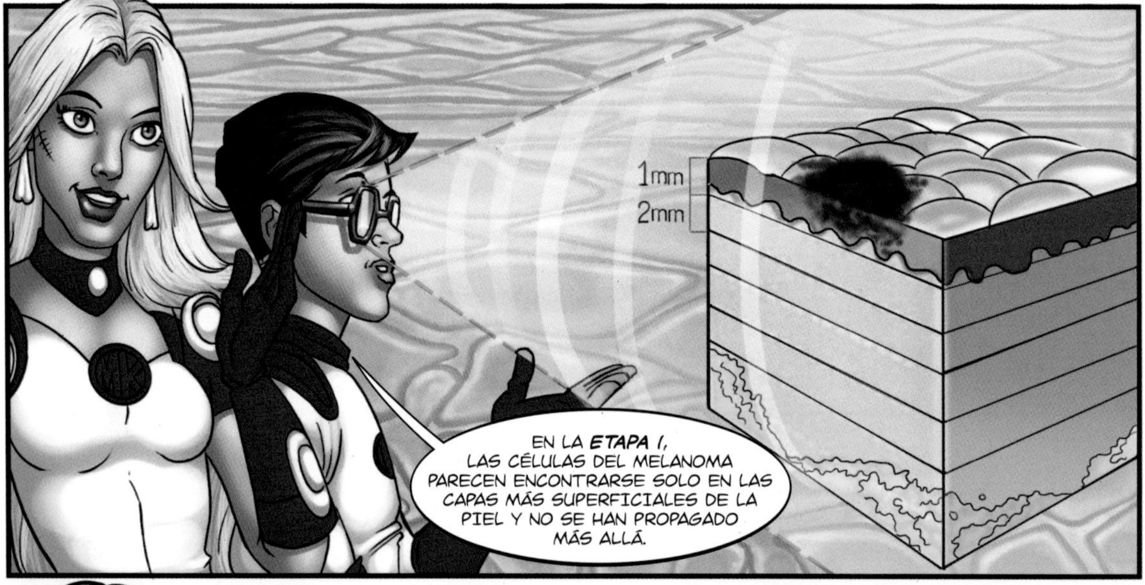
1mm
2mm
EN LA ETAPA 1, LAS CÉLULAS DEL MELANOMA PARECEN ENCONTRARSE SOLO EN LAS CAPAS MÁS SUPERFICIALES DE LA PIEL Y NO SE HAN PROPAGADO MÁS ALLÁ.

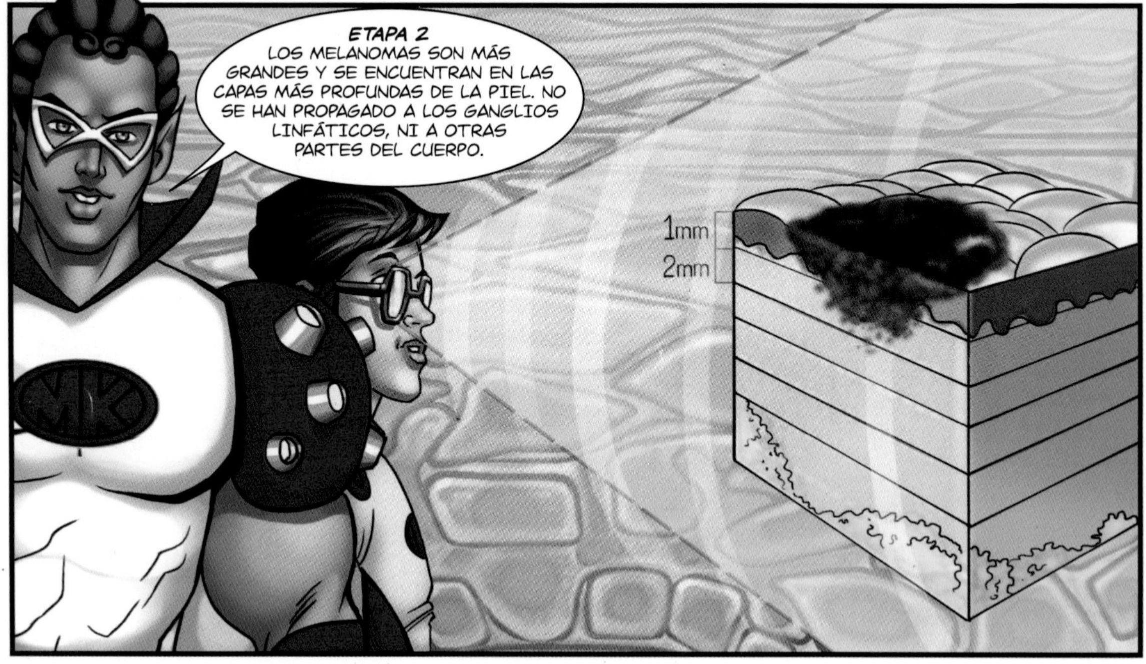
ETAPA 2
LOS MELANOMAS SON MÁS GRANDES Y SE ENCUENTRAN EN LAS CAPAS MÁS PROFUNDAS DE LA PIEL. NO SE HAN PROPAGADO A LOS GANGLIOS LINFÁTICOS, NI A OTRAS PARTES DEL CUERPO.
1mm
2mm

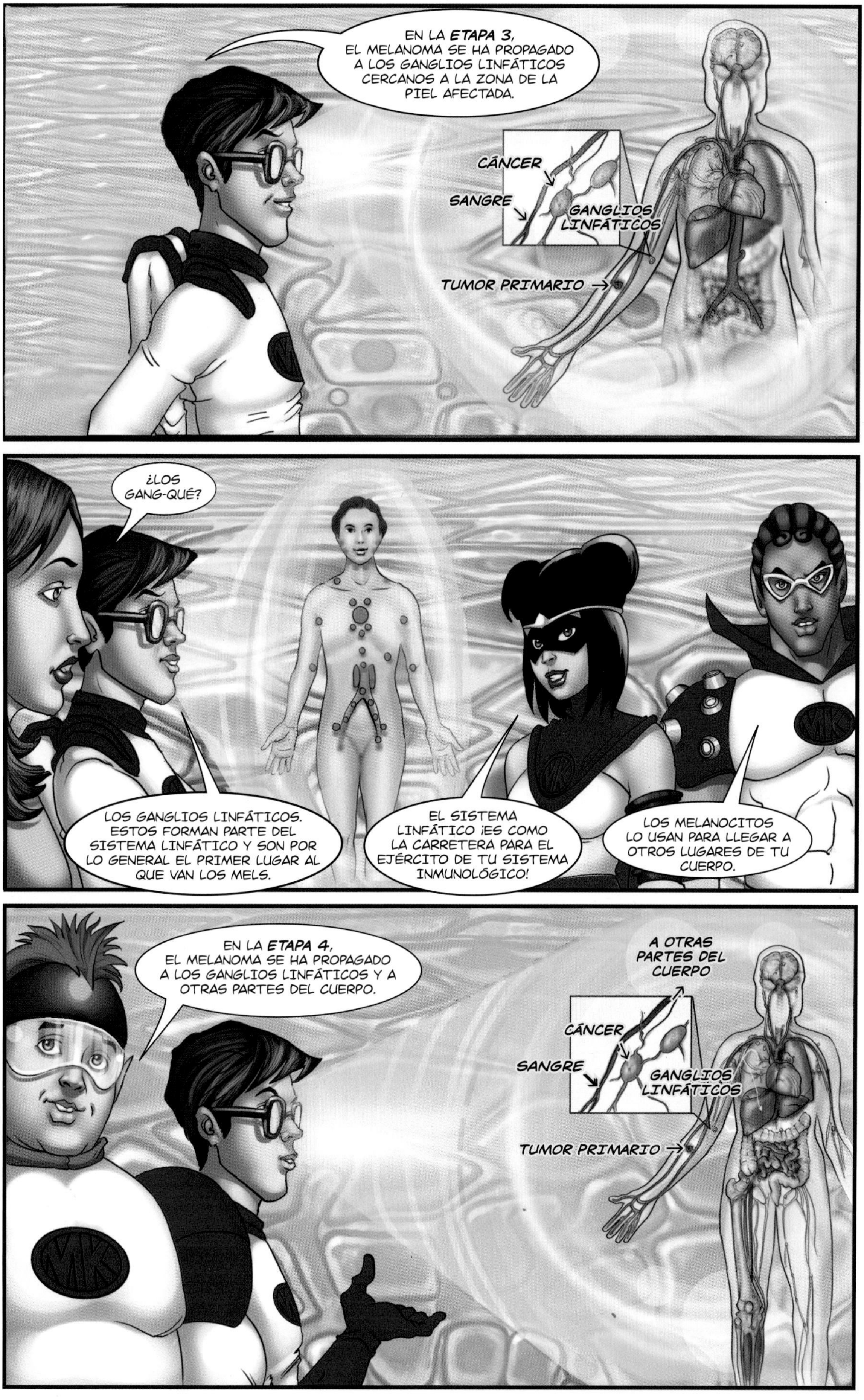

EN LA **ETAPA 3**, EL MELANOMA SE HA PROPAGADO A LOS GANGLIOS LINFÁTICOS CERCANOS A LA ZONA DE LA PIEL AFECTADA.
CÁNCER
SANGRE
GANGLIOS LINFÁTICOS
TUMOR PRIMARIO
¿LOS GANG-QUÉ?
LOS GANGLIOS LINFÁTICOS. ESTOS FORMAN PARTE DEL SISTEMA LINFÁTICO Y SON POR LO GENERAL EL PRIMER LUGAR AL QUE VAN LOS MELS.
EL SISTEMA LINFÁTICO ¡ES COMO LA CARRETERA PARA EL EJÉRCITO DE TU SISTEMA INMUNOLÓGICO!
LOS MELANOCITOS LO USAN PARA LLEGAR A OTROS LUGARES DE TU CUERPO.
EN LA **ETAPA 4**, EL MELANOMA SE HA PROPAGADO A LOS GANGLIOS LINFÁTICOS Y A OTRAS PARTES DEL CUERPO.
A OTRAS PARTES DEL CUERPO
CÁNCER
SANGRE
GANGLIOS LINFÁTICOS
TUMOR PRIMARIO

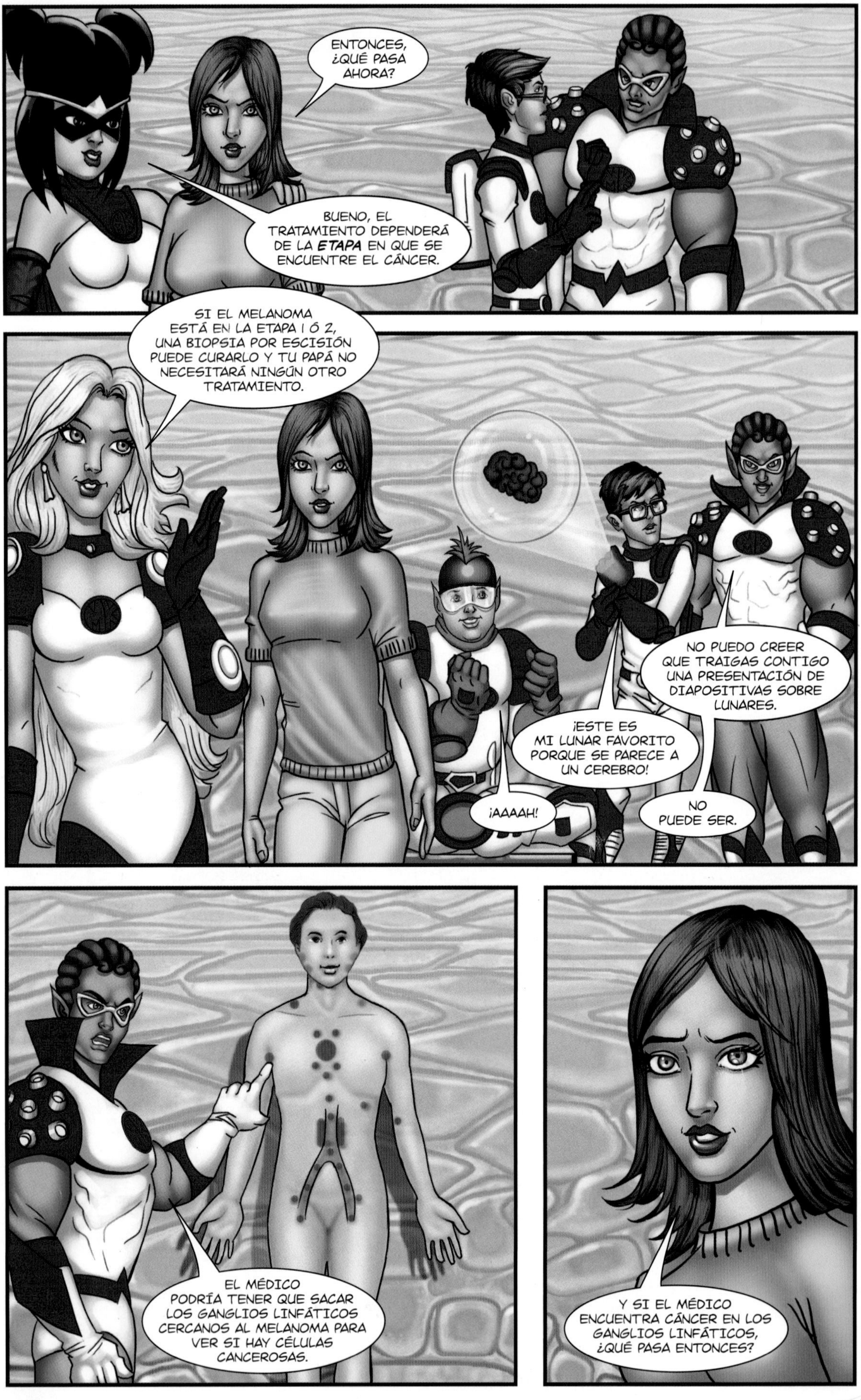

ENTONCES, ¿QUÉ PASA AHORA?
BUENO, EL TRATAMIENTO DEPENDERÁ DE LA **ETAPA** EN QUE SE ENCUENTRE EL CÁNCER.
SI EL MELANOMA ESTÁ EN LA ETAPA 1 Ó 2, UNA BIOPSIA POR ESCISIÓN PUEDE CURARLO Y TU PAPÁ NO NECESITARÁ NINGÚN OTRO TRATAMIENTO.
NO PUEDO CREER QUE TRAIGAS CONTIGO UNA PRESENTACIÓN DE DIAPOSITIVAS SOBRE LUNARES.
¡ESTE ES MI LUNAR FAVORITO PORQUE SE PARECE A UN CEREBRO!
¡AAAAH!
NO PUEDE SER.
EL MÉDICO PODRÍA TENER QUE SACAR LOS GANGLIOS LINFÁTICOS CERCANOS AL MELANOMA PARA VER SI HAY CÉLULAS CANCEROSAS.
Y SI EL MÉDICO ENCUENTRA CÁNCER EN LOS GANGLIOS LINFÁTICOS, ¿QUÉ PASA ENTONCES?

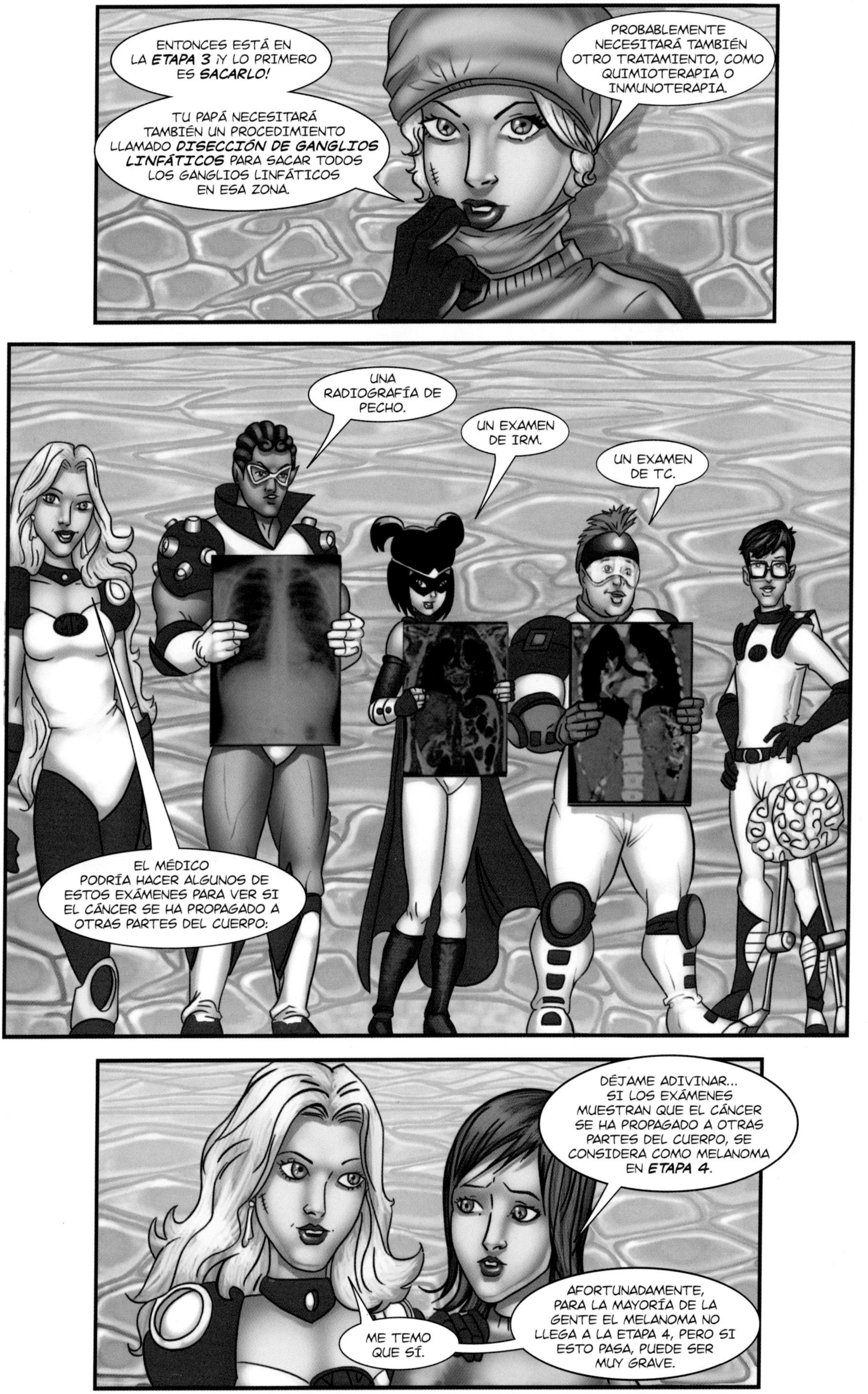
ENTONCES ESTÁ EN LA ETAPA 3 ¡Y LO PRIMERO ES SACARLO!
TU PAPÁ NECESITARÁ TAMBIÉN UN PROCEDIMIENTO LLAMADO DISECCIÓN DE GANGLIOS LINFÁTICOS PARA SACAR TODOS LOS GANGLIOS LINFÁTICOS EN ESA ZONA.
PROBABLEMENTE NECESITARÁ TAMBIÉN OTRO TRATAMIENTO, COMO QUIMIOTERAPIA O INMUNOTERAPIA.
EL MÉDICO PODRÍA HACER ALGUNOS DE ESTOS EXÁMENES PARA VER SI EL CÁNCER SE HA PROPAGADO A OTRAS PARTES DEL CUERPO:
UNA RADIOGRAFÍA DE PECHO.
UN EXAMEN DE IRM.
UN EXAMEN DE TC.
DÉJAME ADIVINAR... SI LOS EXÁMENES MUESTRAN QUE EL CÁNCER SE HA PROPAGADO A OTRAS PARTES DEL CUERPO, SE CONSIDERA COMO MELANOMA EN ETAPA 4.
ME TEMO QUE SÍ.
AFORTUNADAMENTE, PARA LA MAYORÍA DE LA GENTE EL MELANOMA NO LLEGA A LA ETAPA 4, PERO SI ESTO PASA, PUEDE SER MUY GRAVE.

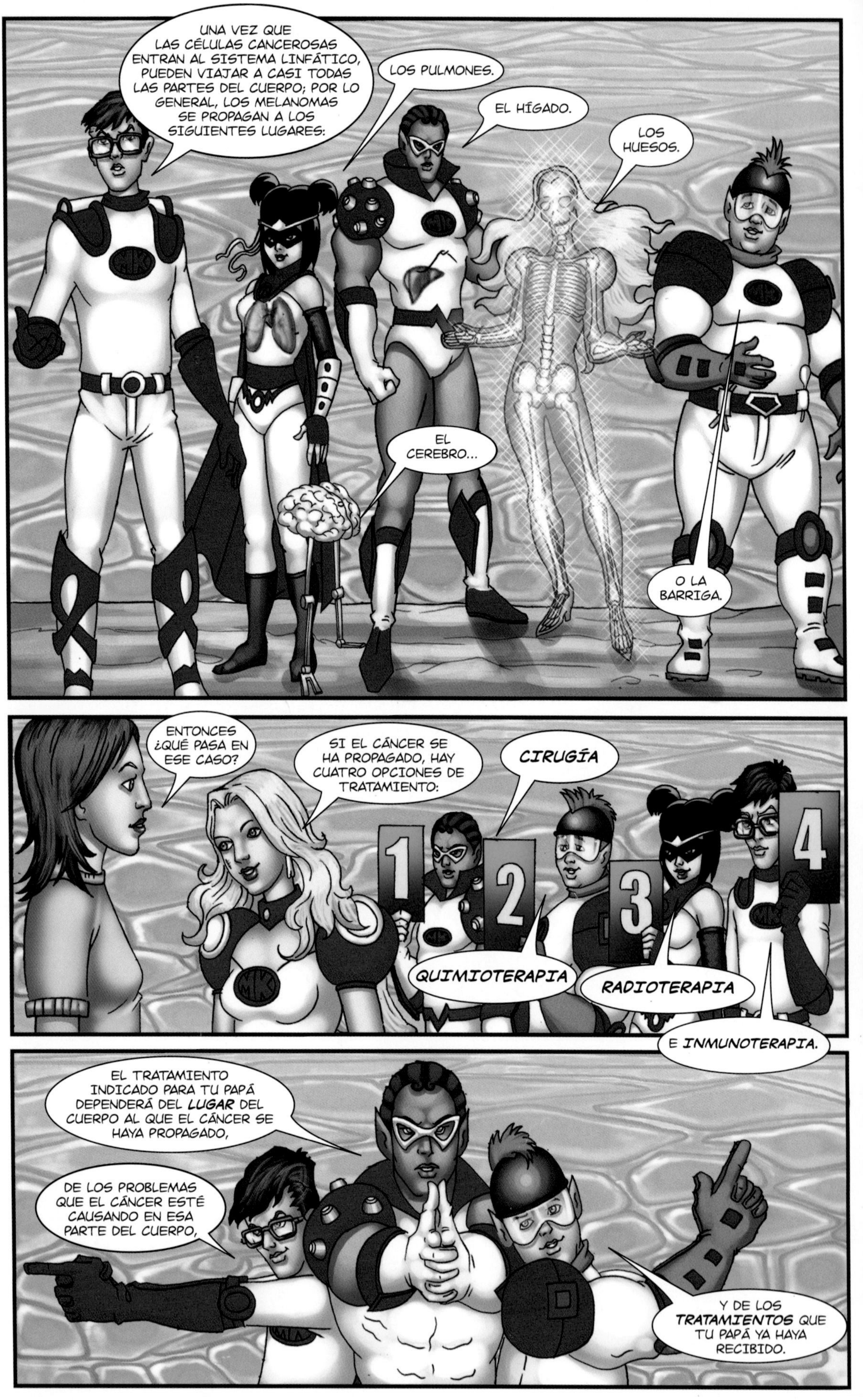
UNA VEZ QUE LAS CÉLULAS CANCEROSAS ENTRAN AL SISTEMA LINFÁTICO, PUEDEN VIAJAR A CASI TODAS LAS PARTES DEL CUERPO; POR LO GENERAL, LOS MELANOMAS SE PROPAGAN A LOS SIGUIENTES LUGARES:
LOS PULMONES.
EL HÍGADO.
LOS HUESOS.
EL CEREBRO...
O LA BARRIGA.
ENTONCES ¿QUÉ PASA EN ESE CASO?
SI EL CÁNCER SE HA PROPAGADO, HAY CUATRO OPCIONES DE TRATAMIENTO:
1
2
3
4
CIRUGÍA
QUIMIOTERAPIA
RADIOTERAPIA
E INMUNOTERAPIA.
EL TRATAMIENTO INDICADO PARA TU PAPÁ DEPENDERÁ DEL LUGAR DEL CUERPO AL QUE EL CÁNCER SE HAYA PROPAGADO,
DE LOS PROBLEMAS QUE EL CÁNCER ESTÉ CAUSANDO EN ESA PARTE DEL CUERPO,
Y DE LOS TRATAMIENTOS QUE TU PAPÁ YA HAYA RECIBIDO.

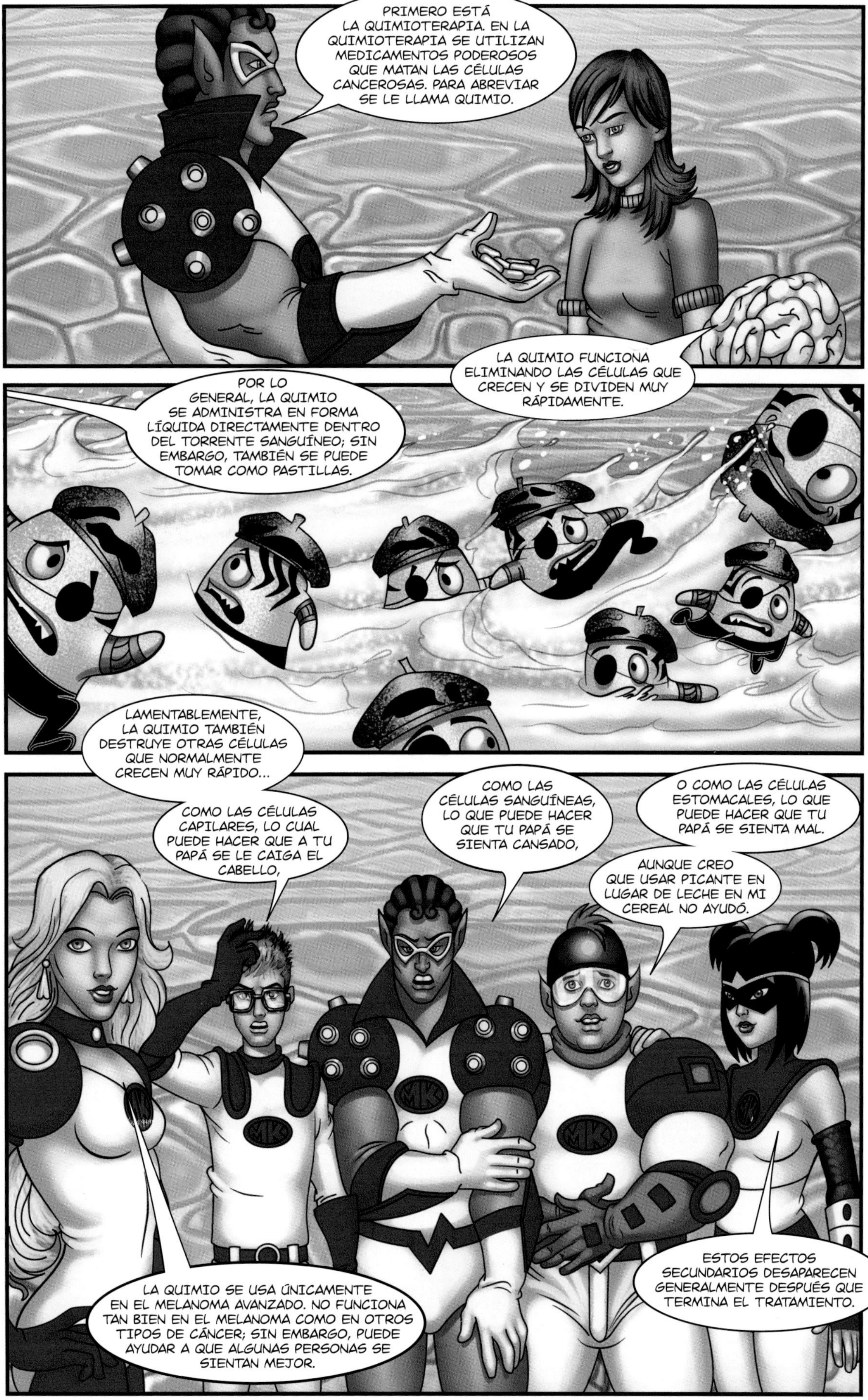
PRIMERO ESTÁ LA QUIMIOTERAPIA. EN LA QUIMIOTERAPIA SE UTILIZAN MEDICAMENTOS PODEROSOS QUE MATAN LAS CÉLULAS CANCEROSAS. PARA ABREVIAR SE LE LLAMA QUIMIO.
LA QUIMIO FUNCIONA ELIMINANDO LAS CÉLULAS QUE CRECEN Y SE DIVIDEN MUY RÁPIDAMENTE.
POR LO GENERAL, LA QUIMIO SE ADMINISTRA EN FORMA LÍQUIDA DIRECTAMENTE DENTRO DEL TORRENTE SANGUÍNEO; SIN EMBARGO, TAMBIÉN SE PUEDE TOMAR COMO PASTILLAS.
LAMENTABLEMENTE, LA QUIMIO TAMBIÉN DESTRUYE OTRAS CÉLULAS QUE NORMALMENTE CRECEN MUY RÁPIDO...
COMO LAS CÉLULAS CAPILARES, LO CUAL PUEDE HACER QUE A TU PAPÁ SE LE CAIGA EL CABELLO,
COMO LAS CÉLULAS SANGUÍNEAS, LO QUE PUEDE HACER QUE TU PAPÁ SE SIENTA CANSADO,
O COMO LAS CÉLULAS ESTOMACALES, LO QUE PUEDE HACER QUE TU PAPÁ SE SIENTA MAL.
AUNQUE CREO QUE USAR PICANTE EN LUGAR DE LECHE EN MI CEREAL NO AYUDÓ.
LA QUIMIO SE USA ÚNICAMENTE EN EL MELANOMA AVANZADO. NO FUNCIONA TAN BIEN EN EL MELANOMA COMO EN OTROS TIPOS DE CÁNCER; SIN EMBARGO, PUEDE AYUDAR A QUE ALGUNAS PERSONAS SE SIENTAN MEJOR.
ESTOS EFECTOS SECUNDARIOS DESAPARECEN GENERALMENTE DESPUÉS QUE TERMINA EL TRATAMIENTO.

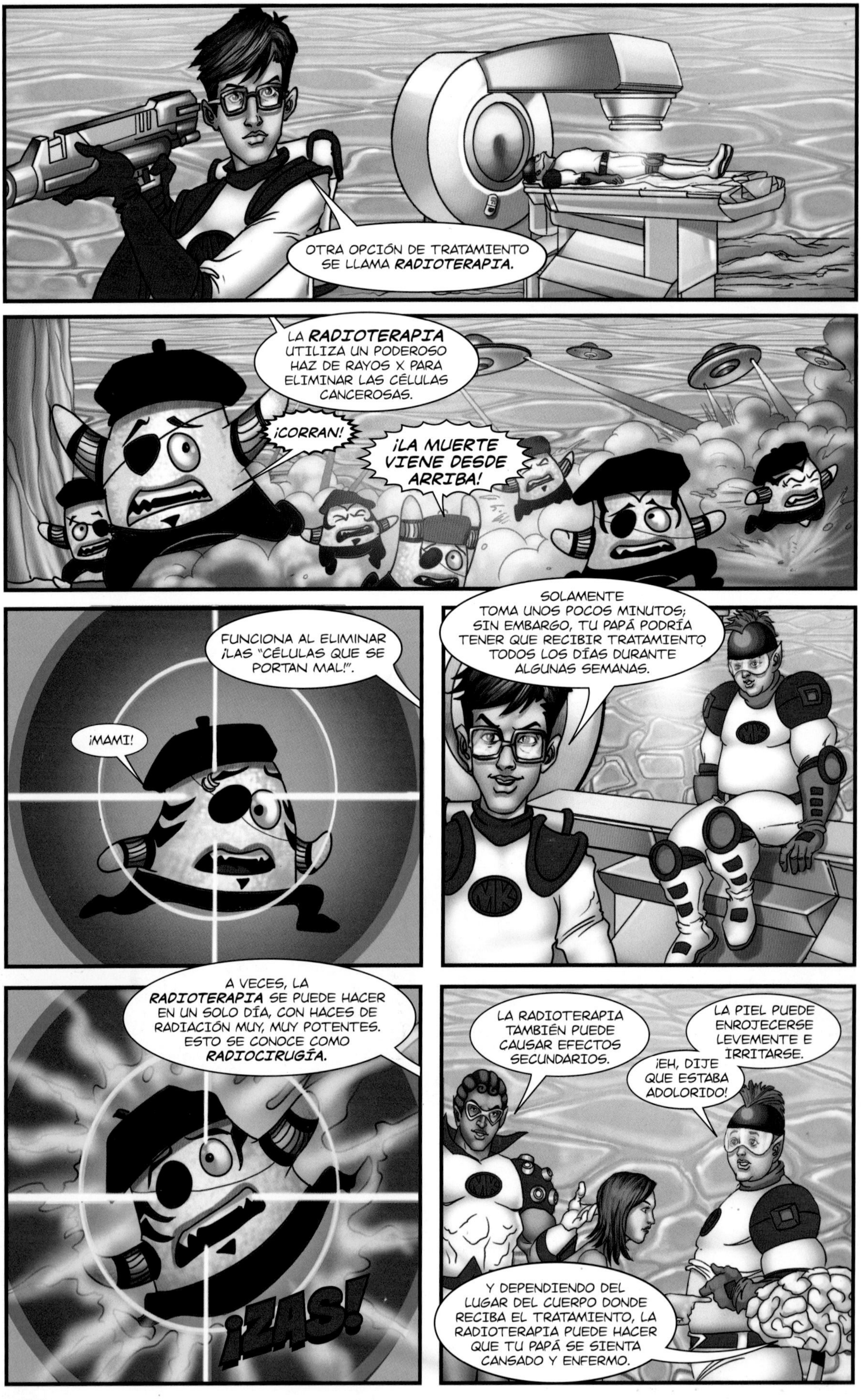
OTRA OPCIÓN DE TRATAMIENTO SE LLAMA RADIOTERAPIA.
LA RADIOTERAPIA UTILIZA UN PODEROSO HAZ DE RAYOS X PARA ELIMINAR LAS CÉLULAS CANCEROSAS.
¡CORRAN!
¡LA MUERTE VIENE DESDE ARRIBA!
FUNCIONA AL ELIMINAR ¡LAS "CÉLULAS QUE SE PORTAN MAL!".
¡MAMI!
SOLAMENTE TOMA UNOS POCOS MINUTOS; SIN EMBARGO, TU PAPÁ PODRÍA TENER QUE RECIBIR TRATAMIENTO TODOS LOS DÍAS DURANTE ALGUNAS SEMANAS.
A VECES, LA RADIOTERAPIA SE PUEDE HACER EN UN SOLO DÍA, CON HACES DE RADIACIÓN MUY, MUY POTENTES. ESTO SE CONOCE COMO RADIOCIRUGÍA.
¡ZAS!
LA RADIOTERAPIA TAMBIÉN PUEDE CAUSAR EFECTOS SECUNDARIOS.
LA PIEL PUEDE ENROJECERSE LEVEMENTE E IRRITARSE.
¡EH, DIJE QUE ESTABA ADOLORIDO!
Y DEPENDIENDO DEL LUGAR DEL CUERPO DONDE RECIBA EL TRATAMIENTO, LA RADIOTERAPIA PUEDE HACER QUE TU PAPÁ SE SIENTA CANSADO Y ENFERMO.

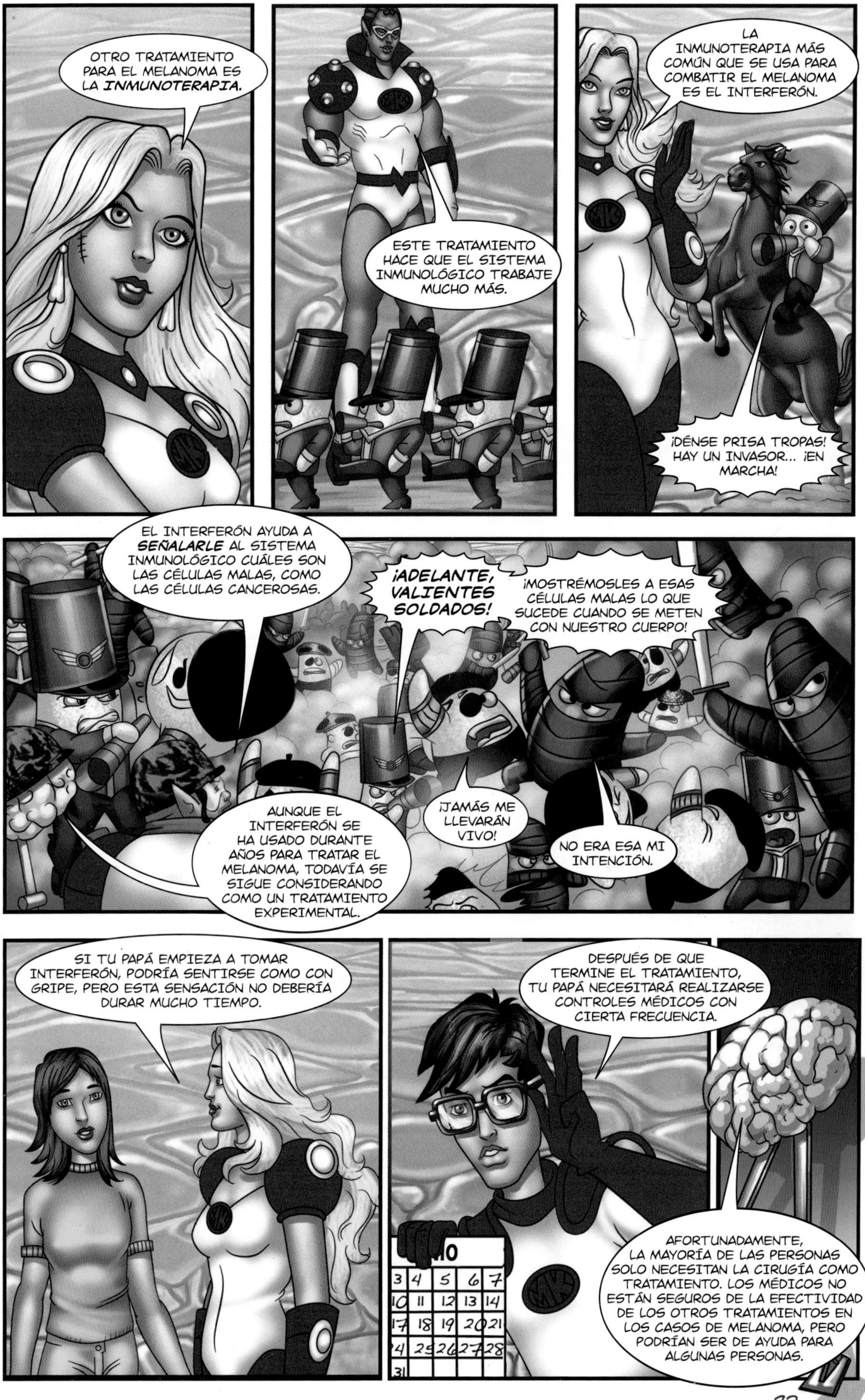
OTRO TRATAMIENTO PARA EL MELANOMA ES LA **INMUNOTERAPIA.**
ESTE TRATAMIENTO HACE QUE EL SISTEMA INMUNOLÓGICO TRABAJE MUCHO MÁS.
LA INMUNOTERAPIA MÁS COMÚN QUE SE USA PARA COMBATIR EL MELANOMA ES EL INTERFERÓN.
¡DÉNSE PRISA TROPAS! HAY UN INVASOR... ¡EN MARCHA!
EL INTERFERÓN AYUDA A **SEÑALARLE** AL SISTEMA INMUNOLÓGICO CUÁLES SON LAS CÉLULAS MALAS, COMO LAS CÉLULAS CANCEROSAS.
¡ADELANTE, VALIENTES SOLDADOS!
¡MOSTRÉMOSLES A ESAS CÉLULAS MALAS LO QUE SUCEDE CUANDO SE METEN CON NUESTRO CUERPO!
AUNQUE EL INTERFERÓN SE HA USADO DURANTE AÑOS PARA TRATAR EL MELANOMA, TODAVÍA SE SIGUE CONSIDERANDO COMO UN TRATAMIENTO EXPERIMENTAL.
¡JAMÁS ME LLEVARÁN VIVO!
NO ERA ESA MI INTENCIÓN.
SI TU PAPÁ EMPIEZA A TOMAR INTERFERÓN, PODRÍA SENTIRSE COMO CON GRIPE, PERO ESTA SENSACIÓN NO DEBERÍA DURAR MUCHO TIEMPO.
DESPUÉS DE QUE TERMINE EL TRATAMIENTO, TU PAPÁ NECESITARÁ REALIZARSE CONTROLES MÉDICOS CON CIERTA FRECUENCIA.
AFORTUNADAMENTE, LA MAYORÍA DE LAS PERSONAS SOLO NECESITAN LA CIRUGÍA COMO TRATAMIENTO. LOS MÉDICOS NO ESTÁN SEGUROS DE LA EFECTIVIDAD DE LOS OTROS TRATAMIENTOS EN LOS CASOS DE MELANOMA, PERO PODRÍAN SER DE AYUDA PARA ALGUNAS PERSONAS.

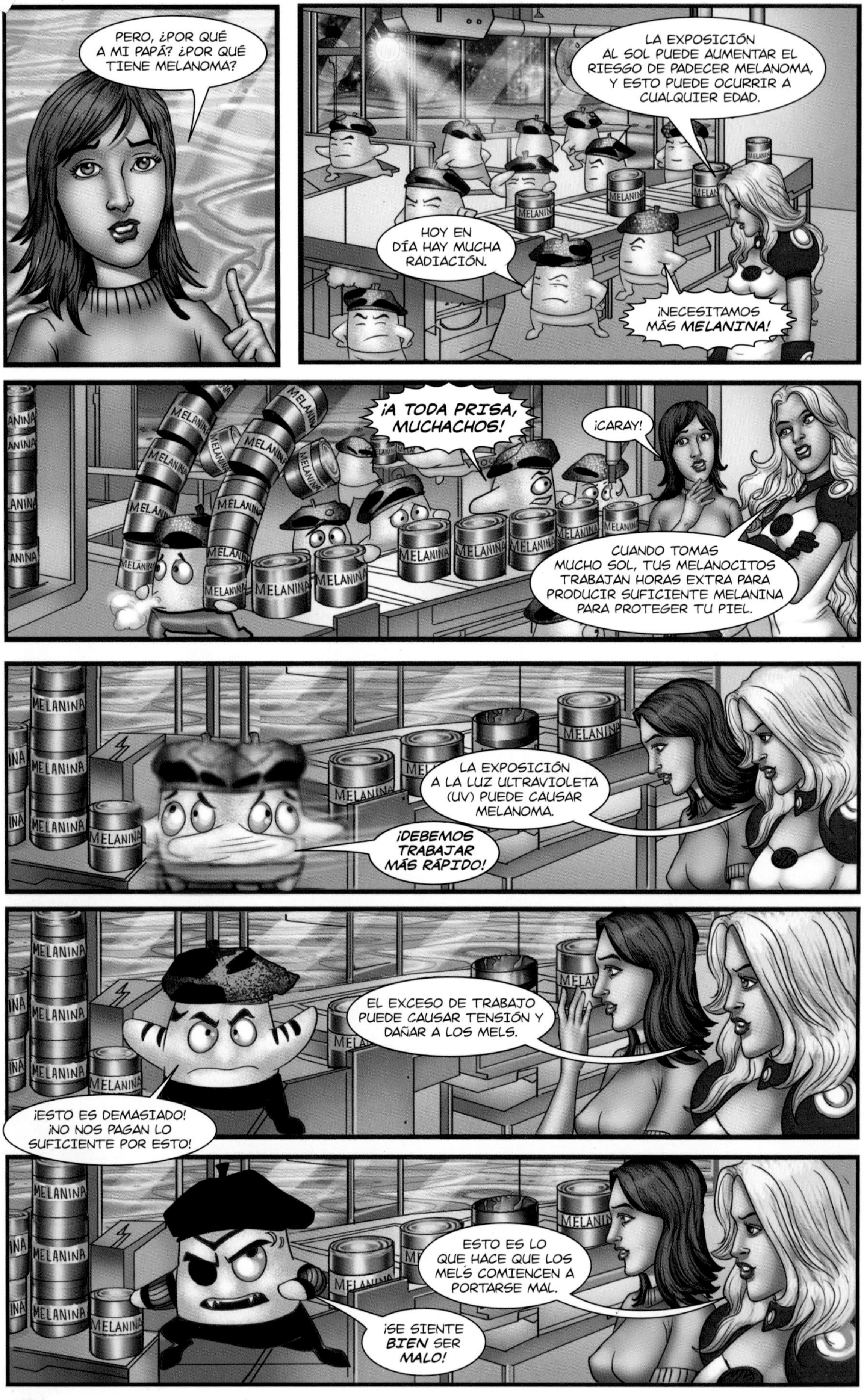
PERO, ¿POR QUÉ A MI PAPÁ? ¿POR QUÉ TIENE MELANOMA?
LA EXPOSICIÓN AL SOL PUEDE AUMENTAR EL RIESGO DE PADECER MELANOMA, Y ESTO PUEDE OCURRIR A CUALQUIER EDAD.
HOY EN DÍA HAY MUCHA RADIACIÓN.
¡NECESITAMOS MÁS MELANINA!
¡A TODA PRISA, MUCHACHOS!
¡CARAY!
CUANDO TOMAS MUCHO SOL, TUS MELANOCITOS TRABAJAN HORAS EXTRA PARA PRODUCIR SUFICIENTE MELANINA PARA PROTEGER TU PIEL.
LA EXPOSICIÓN A LA LUZ ULTRAVIOLETA (UV) PUEDE CAUSAR MELANOMA.
¡DEBEMOS TRABAJAR MÁS RÁPIDO!
EL EXCESO DE TRABAJO PUEDE CAUSAR TENSIÓN Y DAÑAR A LOS MELS.
¡ESTO ES DEMASIADO! ¡NO NOS PAGAN LO SUFICIENTE POR ESTO!
ESTO ES LO QUE HACE QUE LOS MELS COMIENCEN A PORTARSE MAL.
¡SE SIENTE BIEN SER MALO!

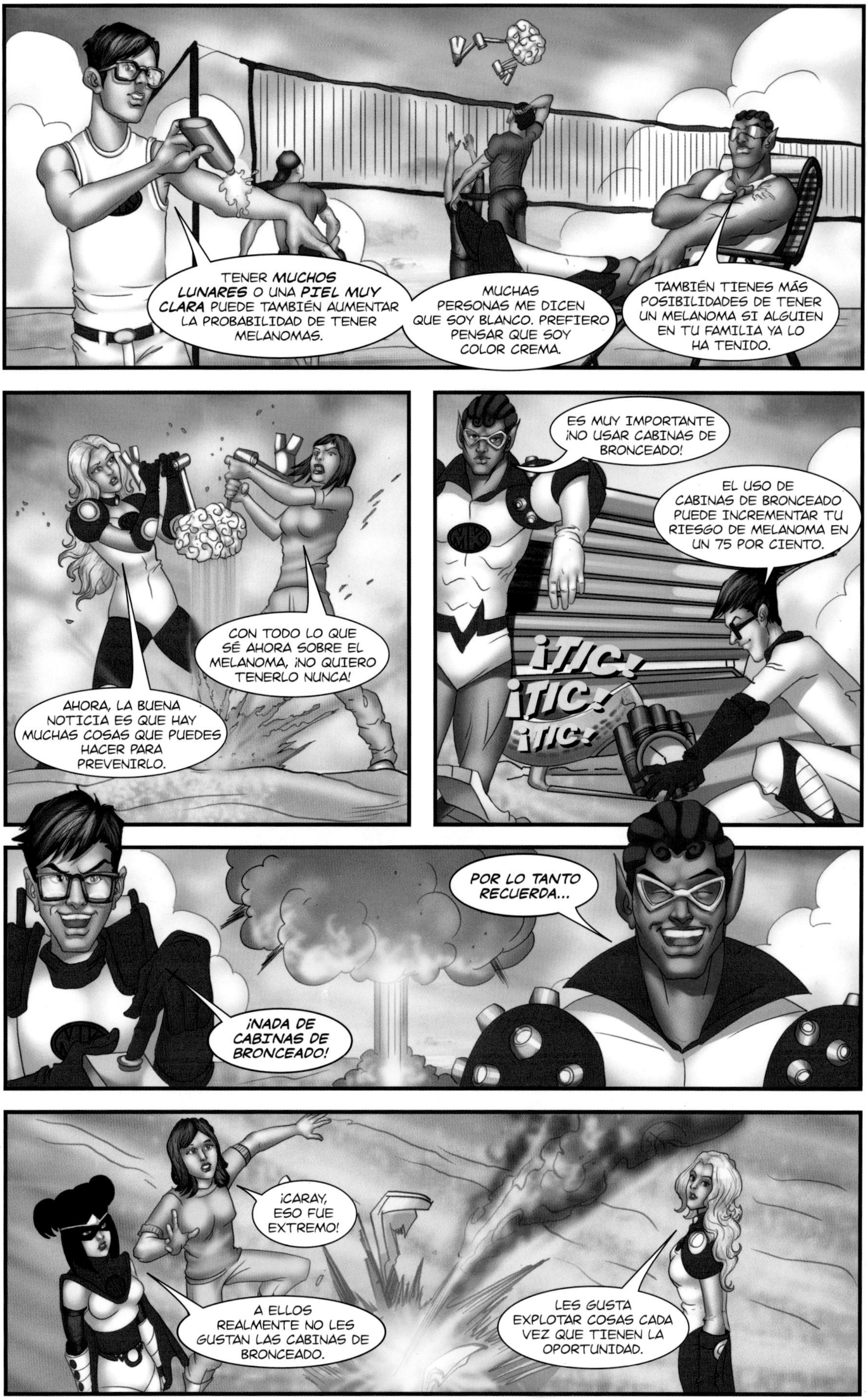
TENER MUCHOS LUNARES O UNA PIEL MUY CLARA PUEDE TAMBIÉN AUMENTAR LA PROBABILIDAD DE TENER MELANOMAS.
MUCHAS PERSONAS ME DICEN QUE SOY BLANCO. PREFIERO PENSAR QUE SOY COLOR CREMA.
TAMBIÉN TIENES MÁS POSIBILIDADES DE TENER UN MELANOMA SI ALGUIEN EN TU FAMILIA YA LO HA TENIDO.
CON TODO LO QUE SÉ AHORA SOBRE EL MELANOMA, ¡NO QUIERO TENERLO NUNCA!
AHORA, LA BUENA NOTICIA ES QUE HAY MUCHAS COSAS QUE PUEDES HACER PARA PREVENIRLO.
ES MUY IMPORTANTE ¡NO USAR CABINAS DE BRONCEADO!
EL USO DE CABINAS DE BRONCEADO PUEDE INCREMENTAR TU RIESGO DE MELANOMA EN UN 75 POR CIENTO.
¡TIC! ¡TIC! ¡TIC!
POR LO TANTO RECUERDA...
¡NADA DE CABINAS DE BRONCEADO!
¡CARAY, ESO FUE EXTREMO!
A ELLOS REALMENTE NO LES GUSTAN LAS CABINAS DE BRONCEADO.
LES GUSTA EXPLOTAR COSAS CADA VEZ QUE TIENEN LA OPORTUNIDAD.

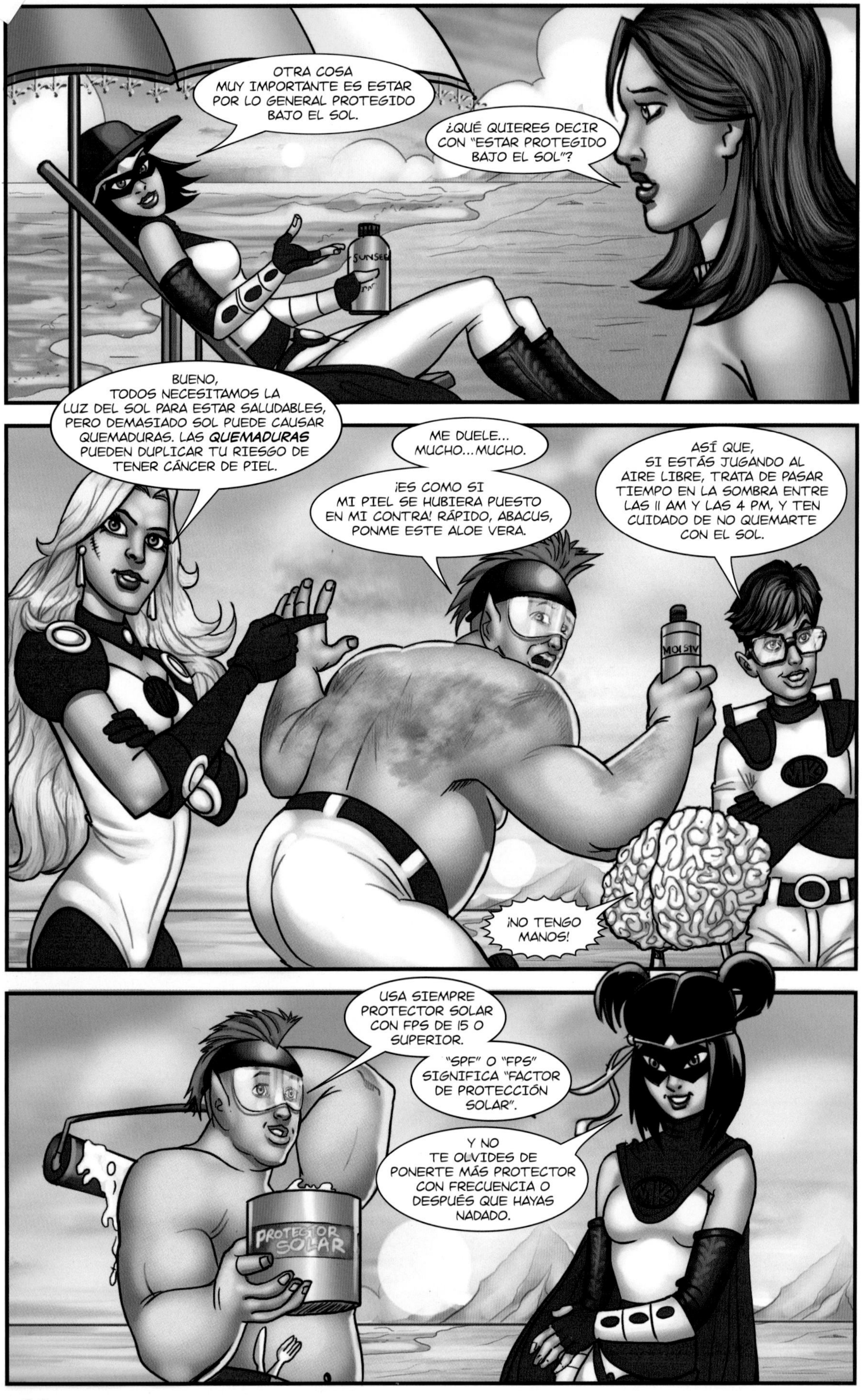
OTRA COSA MUY IMPORTANTE ES ESTAR POR LO GENERAL PROTEGIDO BAJO EL SOL.
¿QUÉ QUIERES DECIR CON "ESTAR PROTEGIDO BAJO EL SOL"?
BUENO, TODOS NECESITAMOS LA LUZ DEL SOL PARA ESTAR SALUDABLES, PERO DEMASIADO SOL PUEDE CAUSAR QUEMADURAS. LAS **QUEMADURAS** PUEDEN DUPLICAR TU RIESGO DE TENER CÁNCER DE PIEL.
ME DUELE... MUCHO...MUCHO.
¡ES COMO SI MI PIEL SE HUBIERA PUESTO EN MI CONTRA! RÁPIDO, ABACUS, PONME ESTE ALOE VERA.
ASÍ QUE, SI ESTÁS JUGANDO AL AIRE LIBRE, TRATA DE PASAR TIEMPO EN LA SOMBRA ENTRE LAS 11 AM Y LAS 4 PM, Y TEN CUIDADO DE NO QUEMARTE CON EL SOL.
¡NO TENGO MANOS!
USA SIEMPRE PROTECTOR SOLAR CON FPS DE 15 O SUPERIOR.
"SPF" O "FPS" SIGNIFICA "FACTOR DE PROTECCIÓN SOLAR".
PROTECTOR SOLAR
Y NO TE OLVIDES DE PONERTE MÁS PROTECTOR CON FRECUENCIA O DESPUÉS QUE HAYAS NADADO.

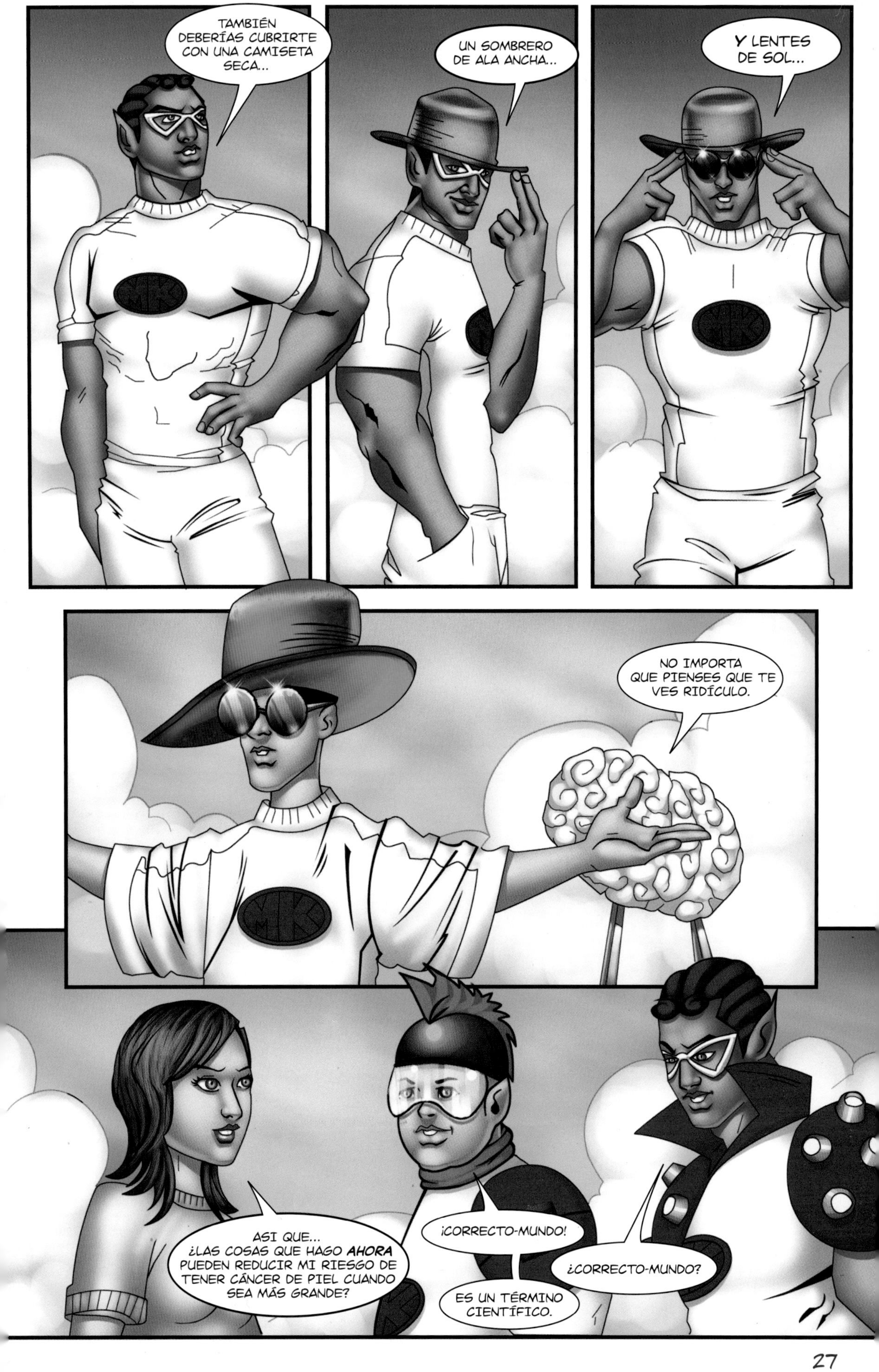
TAMBIÉN DEBERÍAS CUBRIRTE CON UNA CAMISETA SECA...
UN SOMBRERO DE ALA ANCHA...
Y LENTES DE SOL...
NO IMPORTA QUE PIENSES QUE TE VES RIDÍCULO.
ASI QUE... ¿LAS COSAS QUE HAGO **AHORA** PUEDEN REDUCIR MI RIESGO DE TENER CÁNCER DE PIEL CUANDO SEA MÁS GRANDE?
¡CORRECTO-MUNDO!
¿CORRECTO-MUNDO?
ES UN TÉRMINO CIENTÍFICO.

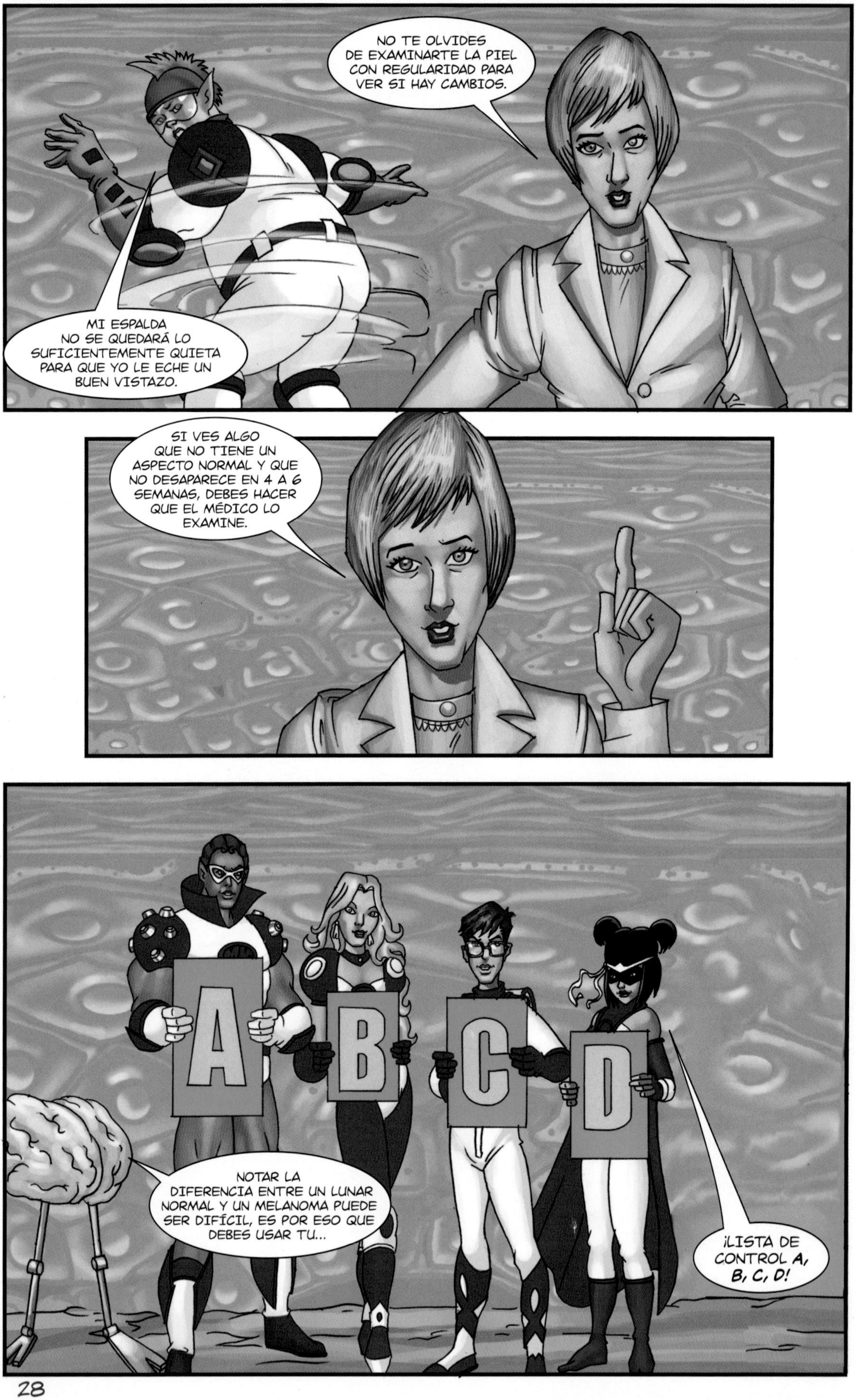
NO TE OLVIDES DE EXAMINARTE LA PIEL CON REGULARIDAD PARA VER SI HAY CAMBIOS.
MI ESPALDA NO SE QUEDARÁ LO SUFICIENTEMENTE QUIETA PARA QUE YO LE ECHE UN BUEN VISTAZO.
SI VES ALGO QUE NO TIENE UN ASPECTO NORMAL Y QUE NO DESAPARECE EN 4 A 6 SEMANAS, DEBES HACER QUE EL MÉDICO LO EXAMINE.
A
B
C
D
NOTAR LA DIFERENCIA ENTRE UN LUNAR NORMAL Y UN MELANOMA PUEDE SER DIFÍCIL, ES POR ESO QUE DEBES USAR TU...
¡LISTA DE CONTROL *A, B, C, D!*

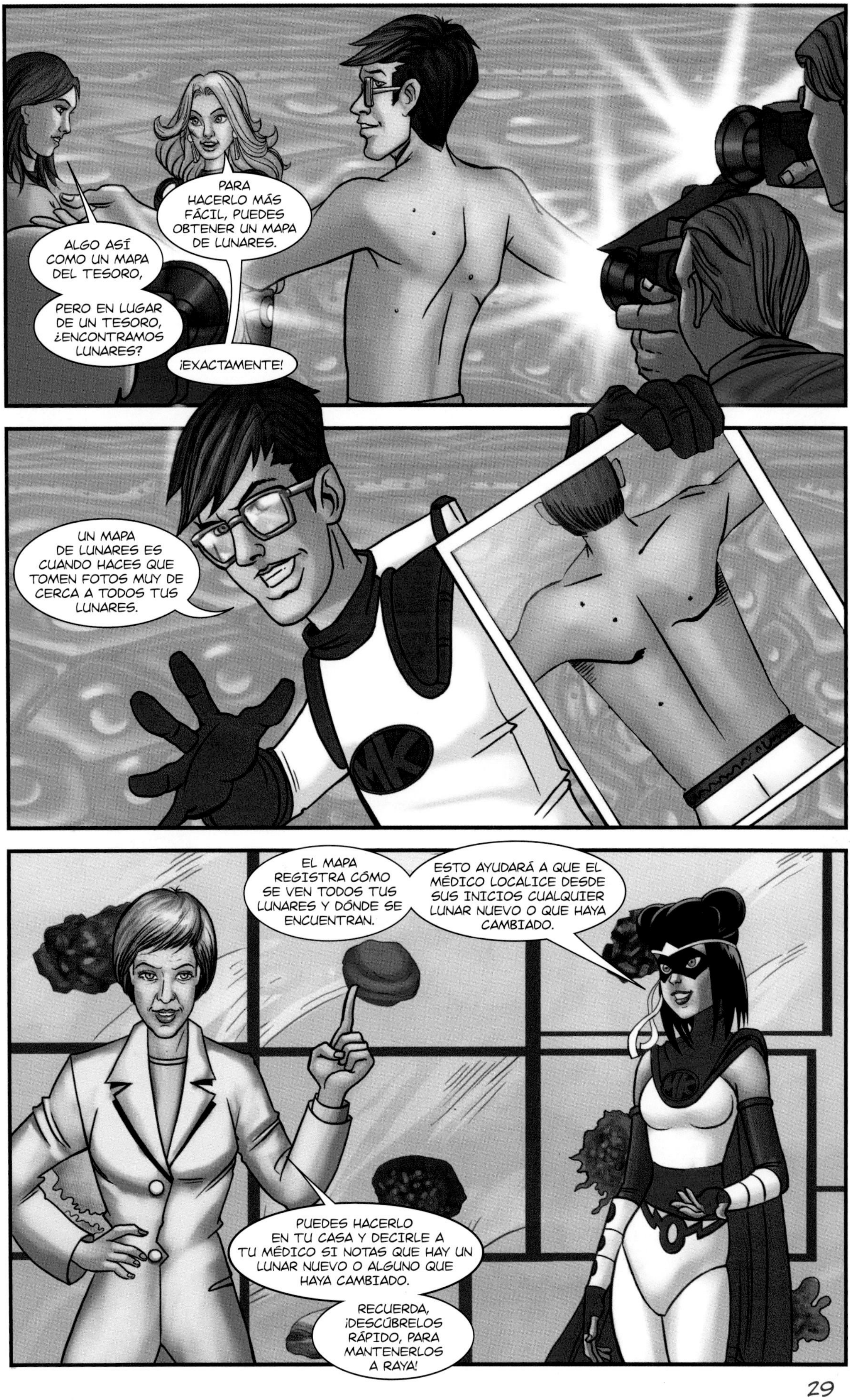

ALGO ASÍ COMO UN MAPA DEL TESORO,
PERO EN LUGAR DE UN TESORO, ¿ENCONTRAMOS LUNARES?
PARA HACERLO MÁS FÁCIL, PUEDES OBTENER UN MAPA DE LUNARES.
¡EXACTAMENTE!
UN MAPA DE LUNARES ES CUANDO HACES QUE TOMEN FOTOS MUY DE CERCA A TODOS TUS LUNARES.
EL MAPA REGISTRA CÓMO SE VEN TODOS TUS LUNARES Y DÓNDE SE ENCUENTRAN.
ESTO AYUDARÁ A QUE EL MÉDICO LOCALICE DESDE SUS INICIOS CUALQUIER LUNAR NUEVO O QUE HAYA CAMBIADO.
PUEDES HACERLO EN TU CASA Y DECIRLE A TU MÉDICO SI NOTAS QUE HAY UN LUNAR NUEVO O ALGUNO QUE HAYA CAMBIADO.
RECUERDA, ¡DESCÚBRELOS RÁPIDO, PARA MANTENERLOS A RAYA!

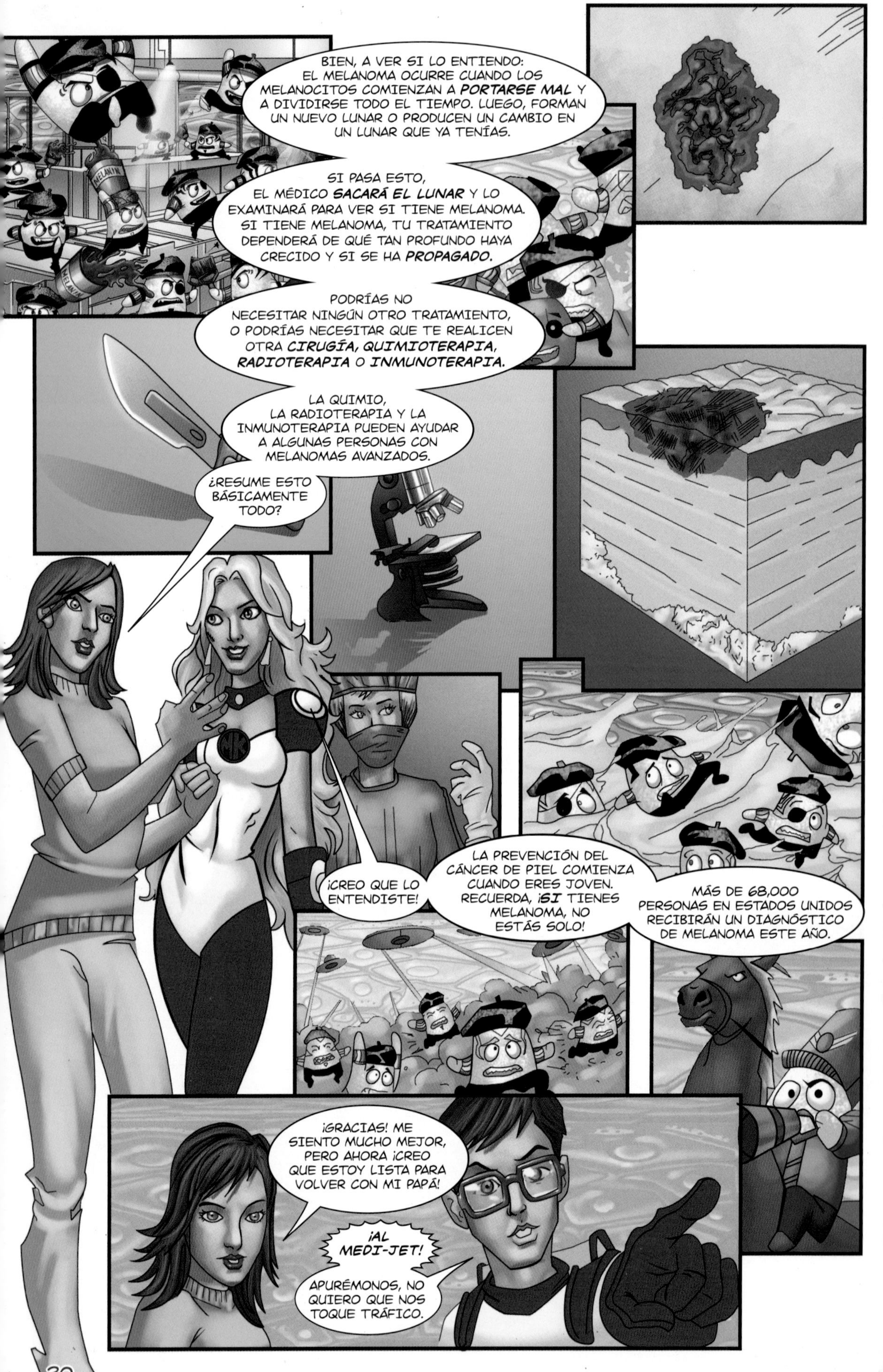
BIEN, A VER SI LO ENTIENDO: EL MELANOMA OCURRE CUANDO LOS MELANOCITOS COMIENZAN A **PORTARSE MAL** Y A DIVIDIRSE TODO EL TIEMPO. LUEGO, FORMAN UN NUEVO LUNAR O PRODUCEN UN CAMBIO EN UN LUNAR QUE YA TENÍAS.
SI PASA ESTO, EL MÉDICO **SACARÁ EL LUNAR** Y LO EXAMINARÁ PARA VER SI TIENE MELANOMA. SI TIENE MELANOMA, TU TRATAMIENTO DEPENDERÁ DE QUÉ TAN PROFUNDO HAYA CRECIDO Y SI SE HA **PROPAGADO.**
PODRÍAS NO NECESITAR NINGÚN OTRO TRATAMIENTO, O PODRÍAS NECESITAR QUE TE REALICEN OTRA **CIRUGÍA, QUIMIOTERAPIA, RADIOTERAPIA** O **INMUNOTERAPIA.**
LA QUIMIO, LA RADIOTERAPIA Y LA INMUNOTERAPIA PUEDEN AYUDAR A ALGUNAS PERSONAS CON MELANOMAS AVANZADOS.
¿RESUME ESTO BÁSICAMENTE TODO?
¡CREO QUE LO ENTENDISTE!
LA PREVENCIÓN DEL CÁNCER DE PIEL COMIENZA CUANDO ERES JOVEN. RECUERDA, ¡**SI** TIENES MELANOMA, NO ESTÁS SOLO!
MÁS DE 68,000 PERSONAS EN ESTADOS UNIDOS RECIBIRÁN UN DIAGNÓSTICO DE MELANOMA ESTE AÑO.
¡GRACIAS! ME SIENTO MUCHO MEJOR, PERO AHORA ¡CREO QUE ESTOY LISTA PARA VOLVER CON MI PAPÁ!
¡AL MEDI-JET!
APURÉMONOS, NO QUIERO QUE NOS TOQUE TRÁFICO.

¡EY!, ¿ALGUIEN QUIERE VER EL LIBRO DESPLEGABLE QUE HICE DE LOS LUNARES DE MI CUERPO?
HOSPITAL
OTRO ATERRIZAJE CLÁSICO.
SÍ, "CÓMO HACER QUE LES DÉ UN ATAQUE A TUS AMIGOS Y CAUSAR DAÑOS A LA PROPIEDAD".
¡PAPÁ!
¡AHÍ ESTÁ MI CHICA! JUSTO A TIEMPO, TAMBIÉN.
¡LOS MÉDICOS DIJERON QUE PUEDO IRME A CASA!
¡ESTOY TAN CONTENTA DE QUE ESTÉS BIEN, PAPÁ!
YO TAMBIÉN.
¡PERO AHORA LAS COSAS VAN A CAMBIAR, SEÑOR!
¡CLARO!, NO TIENES QUE DECÍRMELO DOS VECES.

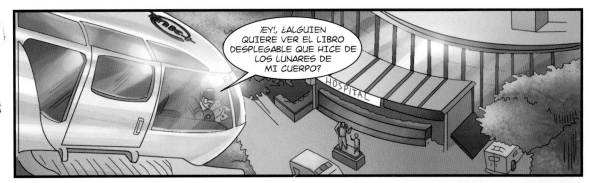

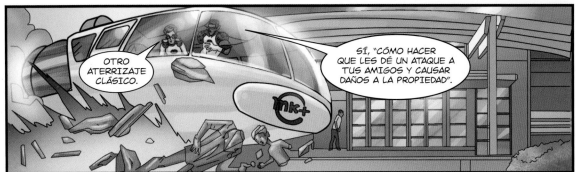

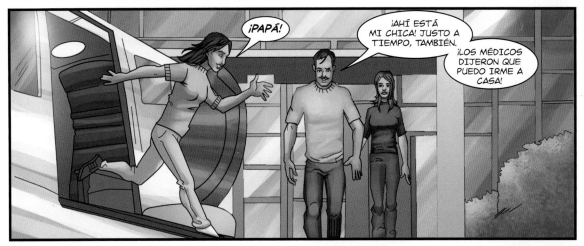

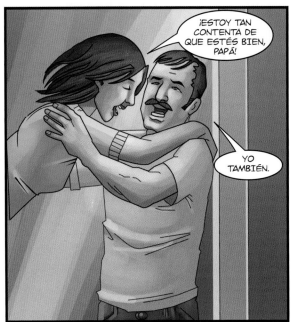

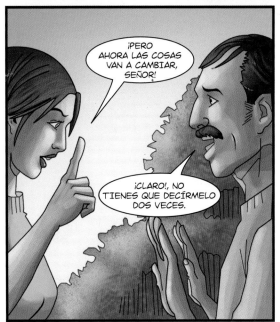

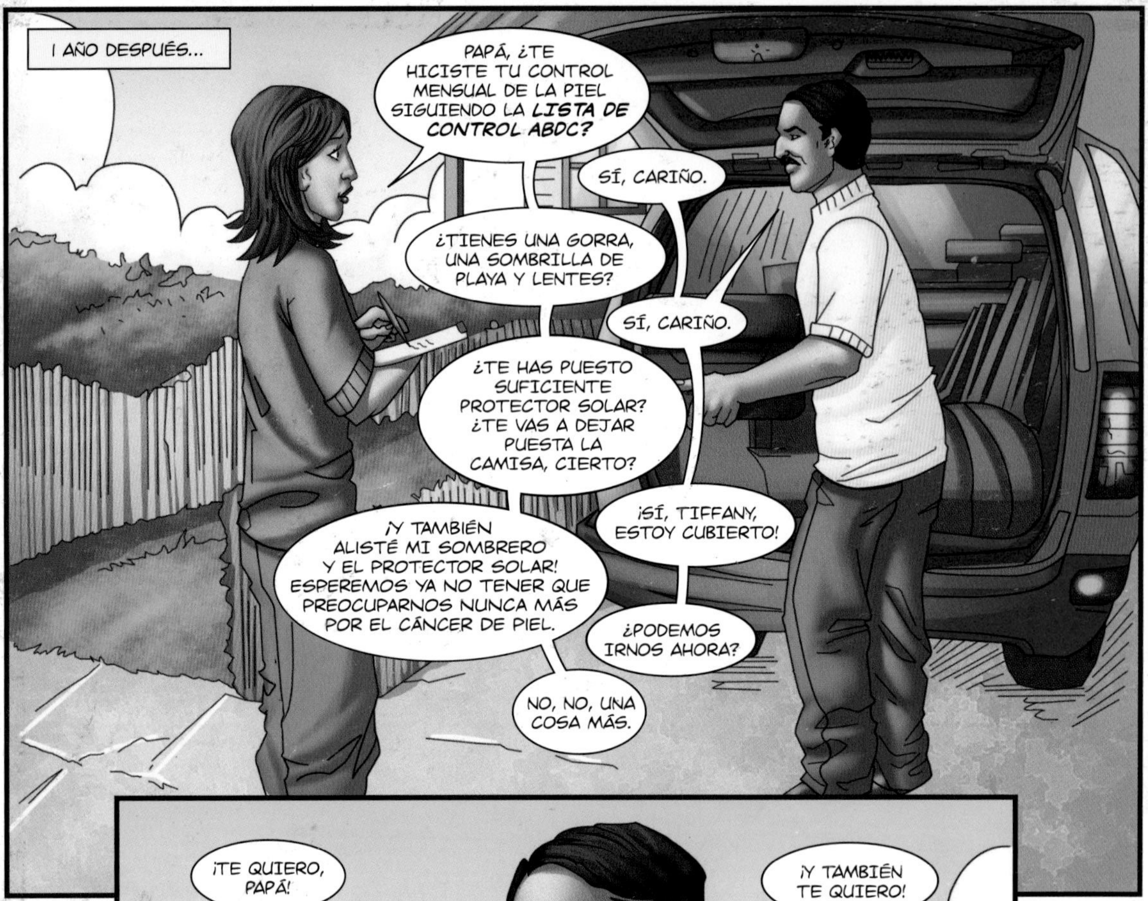
1 AÑO DESPUÉS...
PAPÁ, ¿TE HICISTE TU CONTROL MENSUAL DE LA PIEL SIGUIENDO LA **LISTA DE CONTROL ABDC?**
SÍ, CARIÑO.
¿TIENES UNA GORRA, UNA SOMBRILLA DE PLAYA Y LENTES?
SÍ, CARIÑO.
¿TE HAS PUESTO SUFICIENTE PROTECTOR SOLAR? ¿TE VAS A DEJAR PUESTA LA CAMISA, CIERTO?
¡SÍ, TIFFANY, ESTOY CUBIERTO!
¡Y TAMBIÉN ALISTÉ MI SOMBRERO Y EL PROTECTOR SOLAR! ESPEREMOS YA NO TENER QUE PREOCUPARNOS NUNCA MÁS POR EL CÁNCER DE PIEL.
¿PODEMOS IRNOS AHORA?
NO, NO, UNA COSA MÁS.

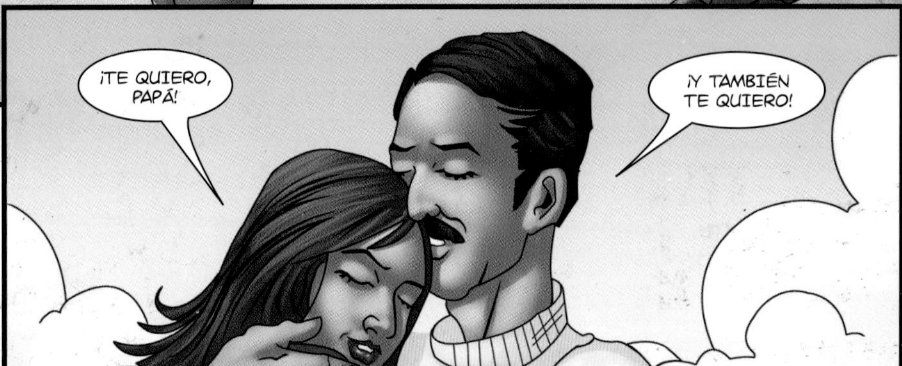
¡TE QUIERO, PAPÁ!
¡Y TAMBIÉN TE QUIERO!

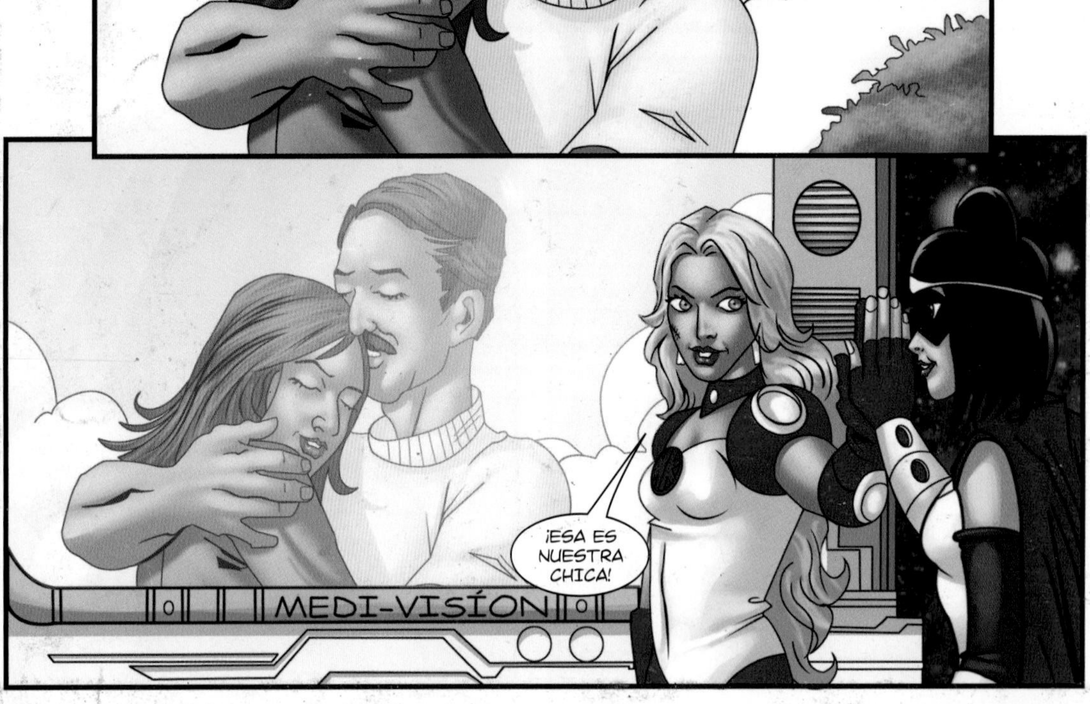
¡ESA ES NUESTRA CHICA!
MEDI-VISÍON